ジェンダー目線の広告観察

小林美香

現代書館

まえがき

「広告観察」をしてみよう

私は大学などでアートや写真、ジェンダー表現に関する講義に携わる中で、広告をそれぞれの視点から主体的に観察し、視覚表現に対する批評性を養う目的でワークショップを行っています。受講生に「ジェンダーの観点から「違和感を抱く広告」を撮影し、その広告を構成する要素を分析する」という課題を設定し、提出された写真とコメントを元に、私の方から解説や資料を追加してスライドを作り、相互に比較し、ディスカッションします。受講生からは「自分とは違う視点や見方があることに気づいた」とか、「広告の中に見ていてモヤモヤとする表現があるとは感じていたけれど、そのモヤモヤを言語化したり、同類の広告を比較したりすることで、自分の中で何にイラっとしていたのか、その理由がわかってすっきりした」、「これからは身の回りの広告を意識して観察したり、分析したりしてみようと思う」という感想をよく受けとります。

公共空間やインターネットを利用する中で、私たちは毎日数えきれないほどの広告を目にしていますが、過剰であるがゆえに、個々の広告がどのような表現を用いているのかを気にかけなかったり、見過ごしていたり、あるいは広告を煩わしいと感じて、見ないようにしていることの方が多いのかもしれません。

なぜこのような講義やワークショップとして「広告観察」に取り組むようになったのか、

という経緯を説明しておきましょう。私は広告制作やマーケティングの専門家ではなく、大学や専門学校などでの講義のほか、美術館での写真作品の調査や展示の企画、さまざまな雑誌や刊行物、ウェブ媒体などでの写真家や芸術家の活動や作品を紹介する執筆活動を通して、写真の「作品」としての価値を理解し、伝える仕事をしてきました。「作品」としての写真とは、美術館やギャラリーのような展示空間の中でプリントとして展示されたり、写真集として編纂されたりして鑑賞に供されるものであり、写真を個人の制作物として価値のあるものと認識し、鑑賞する行為に対して、積極的に時間を割き、対価を払う選択をする人が鑑賞者として想定されています。それに対して、この本で扱う「広告」は、商品やサービスの消費へと誘導する目的のために作られる表現物であり、見ることを積極的に選んでいなくても、自ずと視界の中に入ってくるようなもの、受動的に見させられているようなものも含まれます。

「作品」としての写真が、その価値を後世に伝えるために、プリントや書籍のような「もの」として作られ、鑑賞され、売買され、保管されるのに対して、広告は情報伝達の手段として、一時的な役割を果たせば取り替えられ、忘れられるような儚いものですが、その圧倒的な物量によって、見ていることを意識していないうちに、いつの間にかさまざまな人の脳内に価値観を擦り込むような役割を果たしています。時には存在することすら意識されていないイメージによって、どのような価値観が人々の中に刷り込まれているのか、いつしか私は関心を抱くようになりました。見たり、考えたりする興味の対象が「作品」としての写真から、意識していなくても視界に入ってくる「広告」へと移り、写真に対する関心の持ち方が少しずつ変わってきたのは、二〇一〇年代後半のことです。

「広告観察」をするようになった経緯

個人的な話になりますが、私は二〇一一年に出産し、妊娠・出産・育児という人生における大きな変化を経験する中で、女性の身体に向けられる眼差しや、ソーシャルメディアを通した妊娠や育児経験の共有・伝達方法に興味を持つようになりました。そこから、タレントやモデル、歌手など著名な女性が妊娠中に撮影・公開して注目を集める「マタニティ・フォト」と呼ばれる写真について調べ、「マタニティ・フォトをめぐる四半世紀」という論考を『〈妊婦〉アート論　孕む身体を奪取する』（二〇一八、青弓社）に寄稿しました。『〈妊婦〉アート論』が刊行されたのは、首都圏で東京五輪のスポンサー広告や、五輪開催のためのボランティア募集を呼びかける広告が公共空間に溢れ、都内の公立学校でオリパラ教育（東京都オリンピック・パラリンピック教育）が推進された時期に重なります。招致段階から東京五輪開催に反対していた私は、世の中が五輪開催に向けて全体主義的な流れの中に呑み込まれていく様子を目の当たりにして、強い憤りと危機感を抱きながら広告に視線を向けるようになりました

「マタニティ・フォト」への考察を通して、メディアにおける女性の表象と、それらが社会で発揮する影響力について考えるようになった流れで、公共空間における女性の身体表象としてとくに意識して観察するようになったのが、電車内にいくつもの業者が競合するように掲出する脱毛サロン、クリニックの広告です。記録として、電車内や駅構内で撮影した写真を「#脱毛広告観察」というハッシュタグをつけてTwitter（X）[1]やInstagramに投稿し、起用されるタレントやモデル、キャッチコピー、デザインや表現のあり方で気になったものをメモとして記述することによって、私がそれらの広告に対してどのような

印象を抱くのか、表現に込められている意図を読み解く作業を重ねていきました。二〇二〇年代に入り全世界がコロナ禍に呑み込まれ、抜本的な生活様式の変化を余儀なくされて、誰しもが心身の脆弱さを噛み締め、医療や社会保障が破綻的な状況に陥っている一方で、大企業とメディアの利潤追求のために東京五輪の開催が強行されるのを目の当たりにしながら、私は広告観察を続け、写真と文章で記録していくことにしました。世界全体が混迷を極める状況にあって、広告の中の女性の表象を記録して分析することは、社会で女性がどのように扱われ、位置づけられているのかを理解することに繋がると考えたからです。

このような過程で、社会学やフェミニズム、ジェンダー論、クイア・カルチャーに結びついた雑誌との接点ができ、消費社会とイメージの関係について思索を深め、論じる機会をたびたび得ました。東京五輪開催前から急増し始めたスポンサー企業の広告や公共交通機関に溢れる美容・脱毛広告の女性像を読み解いたり、二〇一〇年代末から急増した男性向けの脱毛広告やメンズコスメ広告に見られる「デキる男」と称されるような理想化された男性像のステレオタイプが再生産されていることを指摘したりするようになったのです。

コロナ禍や東京五輪開催と、社会のさまざまな混乱を経て、インターネットを介したコミュニケーションへの依存度がますます高まり、国連総会で採択されたSDGs（持続可能な開発目標）のひとつとして「多様性」の実現が掲げられる一方で、人々の外見に対する意識やジェンダー格差や因習的・画一的なジェンダー表現への不満や違和感が顕著な形で現れ、議論の対象になってきたことが二〇一〇年代後半以降の社会状況の流れの中に位置づけられます。記事を執筆する中、消費社会で常に視界に入ってくる無数の広告の図像のあり方に目を向け、写真や映像がどのような視覚環境を形作り、認識のあり方に影響を与えているかを冷静に振り返り、メディア・リテラシーとジェンダー表現を学ぶ機会を学齢期から持つ必要性があると強く意識するようになりました。

　このような問題意識は、思春期を迎える子どもの親として性教育に関心を持つようになったこと、コロナ禍前から梅毒の感染者数が急増していったこと、性的接触によって感染するサル痘がニュースとして取り上げられたことなど、常にさまざまな感染症への予防意識を持つことを余儀なくされる時代において、「人が性の主体として存在するとはどういうことなのか？」ということを考えざるを得なくなったことにも結びついています。

広告の中のジェンダー観を意識する必要性

　一連の記事を執筆する過程で、私は日常生活の中で目にして撮影してきた広告の写真を参照するとともに、都市空間をフィールドワークするような意識で広告観察をするために街歩きをしたり、オンラインでワークショップを企画したりもしてきました。自分で撮影した写真だけではなく、人と一緒に街歩きをしたり、ワークショップの参加者が撮影した広告の写真を見ながら話したりすることで、自分とは違う着眼点や、広告が掲出される場所の地域性、広告の内容に反映される時事性などに気づきました。[2] そこから学ぶことも多く、観察するという行為から導き出される他者とのコミュニケーションの可能性を考えることにもなりました。広告観察の目的のひとつは、個々の表現に注目しながら、広告に関わって費やされる経費（制作費や掲出・掲載費用）など、消費社会の中でイメージが数限りなく生産される経済の仕組み、社会システムのあり方を考える糸口を見つけることです。広告と経済の関係を考え、私たちのものの見方が、どれほどそれらのイメージから影響を受けているかを理解することは、消費社会の中で私たちがどのように生活しているのか振り返ることに繋がるはずです。

また、「広告観察」は「身近にたくさんありすぎるがゆえに、普段はノイズとして意識の外に置いているような広告をあえて注視してみる」ということでもあり、視覚のノイズキャンセリング機能を外してみるような行為でもあります。公共広告を話題にすると、「スマホの画面を見ていて、吊り広告やポスターを意識することはない」とか「スマホやPCを使うときも、有料サービスを利用して、広告をスキップできるようにしている」という反応が返ってくることもよくあります。不快に感じられる広告、自分が消費者として対象設定されていないと思う商品やサービスの広告に対しては、意識の外に置く、背景化できるようにノイズキャンセリングをするという対処方法は心身の状態を保つためにも大切な方策と言えるでしょう。しかし、いくら対策を講じたとしても、インターネット上で頻繁に表示されるいわゆる「エロ漫画広告」のような、視界に入れることが避けられないような広告が多いのも実情です。

私がこの本でさまざまな広告・広報物の考察を通して提案したいのは、「通常自分が採用している視覚的なノイズキャンセリング設定を一時的に解除してみる」ことであり、ノイズとして存在している（時には見たくない・不愉快な）情報のあり方を見つめ、その表現の特徴や構造を観察・分析してみるということです。正直なところ、ノイズキャンセリングをして、通常は意識の背景に追いやろうとしているものを、あえて前景に据えて吟味するとは結構面倒なことですし、広告のビジュアル表現や文言にイライラしたり、フラストレーションを感じたりすることもあるでしょう。不快なものをなるべく遠ざけたいのはもっともなことなのですが、社会の変わり難い・問題を含んだ価値観や規範を押しつけられるままでいるよりも、それらに対して自分の見方や感じ方を示すこと、異議を唱えることも、長い目で見れば自分を守り、ひいてはそういった表現が溢れる社会を変えるひとつのステップになる可能性に繋がり、それはメディア・リテラシー教育の目的の中に位置づけられるでしょう。

このような広告観察を通したメディア・リテラシー教育の実践において、私がとくにジェンダー表現に力点を置くのは、広告が個別の商品やサービスの情報を提供するだけではなく、ジェンダーや身体規範に関する支配的な価値観を刷り込む装置であること、女性の表象がしばしばアイキャッチ、「客体（眼差しの対象）」として扱われがちであること、広告の中での女性像の扱い方は、社会の中での女性の地位を如実に反映するという事実を意識化するためです。

近年はSNSを通して、女性の表象、実在する人物だけではなくアニメやゲームのキャラクター表現のあり方が、掲出状況によっては性的・性差別的であるのではないかという、表現としての適切性を巡る対立的で熾烈な議論として「炎上」という形で注目を集めることが頻発しています。これらの議論は、ジェンダーにまつわる旧態然とした価値観と、それらに対する違和感の表明という対立構造の中に捉えられがちな側面もあります。「炎上案件」として扱われる個々の事象と議論の現場を目の当たりにするたびに、それらが不毛な議論と叩き合いに終始しているように思え、憎悪を煽り立てるような言葉の応酬に疲労感を覚えます。このようなコミュニケーション不全の状態に陥らないようにするためには、まずは見る主体として表象をいかに観察・分析し得るかを示し、それぞれの意見を述べ合い、互いの見方の違いを確認し合うプロセスを持つことが必要です。そのためには、お互いが攻撃しない・攻撃されない前提で参加できる安全なコミュニケーションの場が必要ですし、このようなコミュニケーションを学ぶ機会が、初等教育から必要とされていると切実に感じます。

広告の表現に対して「異議を唱える」というのは、ある表現の問題点を指摘して批判するだけではなく、微妙な違和感を表明することで、自分のものの見方・感じ方を言語化し、周囲に伝える手段でもあります。同じ空間を共有して、広告に接して情報を得ていたとしても、そこに何を見出し、読み取っているかは人によって異なっているはずです。その反応の仕方、見方の違いを知ることで、初めてお互いを理解して受け止め、豊かな関係を築く手がかりが見出せるのではないでしょうか。この本が、そのためのささやかな一助になればと願っています。

註

1 Twitterは二〇二三年七月に「X」に名称変更しましたが、本書では執筆当時のサービス名で表記しました。

2 実施した企画として、広告観察のための街歩き収録した、YouTubeチャンネル「いわなびとん」の動画「広告観察散歩！！！小林美香さんと！＠渋谷～新宿」(https://www.youtube.com/watch?v=0JNMWUaZh8g)や、オンライン・ワークショップ「写真でやってみよう！消費社会のフィールドワーク」(FENICS／度早稲田大学2021年特定課題研究「ジェンダーの人類学と教授法に関する調査研究」の助成企画)があります。ワークショップについては椎野若菜「街の看板からジェンダーを読み解くフィールドワーク」(『地理 2022年5月号』二〇二二年、古今書院、五〇－五八頁)で報告されています。

ジェンダー目線の広告観察

*

目次

7 対談：広告と公共性　消費者教育のためのメディアリテラシー
尾辻かな子×小林美香　137

8 「写真歌謡」試論　159

1

広告観察を始める前に

ジェンダー表現とメディア

ジェンダー表現とは

具体的な広告観察に入る前に、私たちが公共空間において目にしているものの中で、いかにジェンダーが表現されているのかを確認し、「ジェンダー表現」のあり方について考えていきましょう。「ジェンダー」という言葉は現在広く使われ、「ジェンダーギャップ」が「男女間の格差・不均衡」と訳されたりするように、「男・女」というふたつの性別を巡る社会的・文化的に形成された価値観を表すものと理解されています。このような規範を「性別二元論（gender binary）」と言いますが、これはジェンダーを巡る固定観念として見直されており、性別二元論に囚われない多様なジェンダーのあり方・捉え方を表現する言葉が広まっています。たとえば「ノンバイナリー・ジェンダー（nonbinary gender）」という「性表現にも男性・女性の枠組みを当てはめない」ジェンダーのあり方や、「ジェンダー・ノンコンフォーミング（gender nonconforming）」のように、社会的に期待される「ジェンダー規範」に異議を唱え、抗う人や態度を表す包括した概念も認知されるようになっています。

近年ソーシャルメディアのプロフィール欄で、自認するジェンダーと第三者からどのような人称を用いられたいかを示すために、「希望する人称代名詞」として、she/her、he/him、they/them と記載したり、記述を目にしたりすることが増えました。[1] この中でのthey/them は、「ノンバイナリー・ジェンダー」を意味する人称代名詞として、「単数形のthey」や「ジェンダー ニュートラルな人称代名詞」として認知が広まっており、辞書の定義にも書き加えられています。さらに二〇一〇年代末からは、北米を中心に運転免許証やパスポートなどの公的書類、官公庁など公的機関のオンライン入力フォームのジェンダー選択肢として、男性でも女性でもない身分表示の受け入れが広がっています。[2]

このようにジェンダーに対する見方・捉え方が性別二元論に限定されない、包括的なものになってきたとはいえ、社会は消費生活や教育、就労、公共空間など、生活のあらゆる局面において、性別二元論を前提に設計されています。ここで「ジェンダー表現」として取り上げる「表現」とは、人の表情や、内面の表現・表出（expression）というよりも、社会の中でさまざまな方法を用いて表されている様態、「表象（representation）」のことを指しています。「ジェンダー表現」は、多くの場合「男・女」という二分に基づく差異・違いとして認識できるように企図されており、そのような表現を通して、性別二元論が社会を運用する上での揺ぎない「規則」であり、そのことに疑問を挟む余地はないように繰り返し刷り込まれていきます。性別二元論が社会において支配的な価値観であることは間違いなく、二元論に基づく「ジェンダー表現」は長年にわたって形成されてきたものであるがゆえに、容易には変えがたいものとみなされています。

トイレのピクトグラムから考えるジェンダー表現

しかしあらゆる「表現」がそうであるように、「ジェンダー表現」もまた、社会や文化、時代の中で変化する側面を持っています。現代社会の中で「規則」として機能している「ジェンダー表現」の代表例と言えるのが、公共トイレで使われるピクトグラムです。日本では、青の棒人間は男性、赤のスカートを履いた形の人は女性を表すものとして広く理解されており、色と形が男女の性別を識別する手がかりになっています。もし仮に色が入れ替わり、女性の形を青、男性の形を赤で表現したら多くの人を混乱させてしまうことでしょう。このような色分けの仕方は、世界共通で行われているものではありません。空港など海外の公共空間のトイレ標識の多くは、単色のピクトグラムで表現されています。日本でも単色のピクトグラムが使用されている施設もありますが、高速道路のサービスエリアで元から設置されていた単色のピクトグラムの脇に、色分けピクトグラムのラベルが貼ってあるのを目にしたことがあるという話を知人から聞いたことがあります。つまり、色分けに馴染んでいる人が多く、単色のピクトグラムを見ただけでは咄嗟に判断ができず、間違ったトイレに入りそうになって混乱したという声が寄せられたために、利用者の混乱を解消するための対処策として色分けピクトグラムを追加して組み合わせたのであろう、ということです。コミュニケーションの手段としてのピクトグラムの良し悪しは、何よりもまず「わかりやすさ」を基準として判断されますが、その判断を下すのは利用者であり、その地域で通用するルールと、国際基準に照らし合わせたルールのどちらが優先されるべきなのかということは利用者層がどのように構成されているかによっても変わってきますし、結果的に単色と色分けピクトグラムの両方が併置して用いられるようになったのは、利用者に対する伝わりやすさを追求した結果と言えます。

単色のピクトグラム表現でひとつの基準とみなされているのが、一九九〇年に障害のあるアメリカ人法（ADA法＝Americans with Disabilities Act）が制定されたことによって広まったユニバーサル・デザインのガイドラインに沿って作られたピクトグラムです。誰にとっても、明快でわかりやすいことを追求し、視認しやすいサイズで制作され、極力シンプルな人型と点字を併記して、アクセシビリティ（障害の有無にかかわりなく把握しやすくなっていること）を高めており、公共空間を中心に広く用いられています。[3] 近年では「多様な性」を表すピクトグラムとして、男性と女性のピクトグラムを縦半分に切断した上で組み合わせたものが、オールジェンダー（All Gender）、ジェンダー・ニュートラル（Gender Neutral）、インクルーシブ（Inclusive）などの表記を添えて用いられています。「すべての」「中立・中性の」「包括的な」ジェンダーを表現する上で、既存の男性と女性のピクトグラムを合体化した人物像として表すことが果たして適切なのかという問いかけもあります。男性と女性の形を組み合わせて人物像を作ること自体が性別二元論を前提としていて、その組み合わせによって「間にいる存在」として「多様な性」を表せるという考え方に基づいているからです。多目的トイレ・多機能トイレのように車椅子を使う人を象ったピクトグラム、あるいは人を象ったものでなく便器をピクトグラムとして表現したものを使用すれば、あらゆるジェンダーに適切に配慮した表現になるという考え方もあります。しかし、男女別のピクトグラムに馴染み、それを手がかりにトイレを探す多くの人にとって、便器を象ったピクトグラムだけを図示されても、そこがトイレであることを認識することさえ難しいかもしれません。

このように、規格化されて広く認知されているトイレのピクトグラムに対して、まずは、そもそもの前提や課題に立ち返って、問いを立てる必要性がありそうです。

人々が「ジェンダー表現」を通してコミュニケーションを図っている時、どのような共通認識があるのでしょう。なぜ、明快な区分としてジェンダーを表現する必要があるのでしょう。また、「性の多様化」を「認める」ことが重視される昨今、その「多様性」とは視覚表現を通して伝えられるのでしょうか。スペイン出身のマルチメディアアーティストのアントニ・ムンターダス（一九四一－）が、世界各地のさまざまなトイレの標識を撮影してまとめた写真集『Ladies & Gentlemen』は、通常は自明視されている明確な差異としての「ジェンダー表現」が、実際には状況に応じて恣意的に設定されるものでもあることを浮かび上がらせています。[4] ムンターダスが撮影したトイレの標識は、公共空間の施設で使用されるピクトグラムのような規格化された記号よりも、飲食店やカフェのような小規模店舗のトイレに設置されたものや屋外の仮設トイレのために間に合わせで手作りされたもの、具象的なイラストを用いた、いわばDIY的で手作り感に溢れたものが多く、ジェンダーを表すために人々が選んだ表現のバリエーションを示しています。たとえば、髪型や衣装がジェンダーによって明確に区分されているインドでは、男性、女性それぞれの頭部を描いたイラストが使われているものが多くありますし、ドイツ語のDとH（Damen/Herren）やフランス語のFとH（Femme／Homme）など性別を表す言葉の頭文字だけを記したものもあります。頭文字だけを使用する標識は、そのトイレを使用する人すべてが言語を理解できることを前提としている表現であり、そうでない人にとっては、その施設がトイレかどうかさえもわからない表現と言えます。ムンターダスが撮影した一連の写真を見ると、視覚可能な人にとってそこがトイレであると認識するためには規格化されたピクトグラムや標識といった図示が必要とされていることがわかります。また、それらがコミュニケーション手段として機能している理由や、コミュニケーションが伝える側と受け止める側がいて成り立つものである以上、地域や文化、時代によって表現の仕方は相当に異なることも理解できます。

　このようにトイレの標識ひとつをとっても、ジェンダー表現は社会の中で「規則」としてルール化、固定化された表現方法もあれば、その地域において限定的、あるいは局所的に用いられているものもあります。私たちはさまざまにある表現を複合的に組み合わせたものを目にして、そこからジェンダーとは何かを学びとり、どのような行動が相応しいのかということを教え込まれています。ジェンダーを表現する典型的な方法は、その地域において支配的な価値観を反映します。異なる言語圏の人の存在を前提とし、身体的な障害に対応し、ジェンダーの多様性を「認める」べきという社会の要請に対応して、ピクトグラムが規格化されたり、更新されたりしてきたことを考えるならば、ある地域や時代において支配的な力を持つ表現だけが有効とは言えませんし、コミュニケーションの手段として適しているわけではありません。身近にあるジェンダー表現の形式だけを参照して、ジェンダーという概念を理解するのではなく、時代を経る中でジェンダー表現がどのように変化してきたのか、地域によってどれほど違いがあるのかということを比較し、相対化することによって、その成り立ちや特徴をより深く理解することができるのではないでしょうか。

消費社会とジェンダー表現

私たちは人と出会う時、その人の性別が男女どちらであるかをほぼ無意識のうちに即座に識別して、どのように接するかということを判断しています。性差とは外見的な特徴から総合して判断できるという前提が共有されているからこそ、人と対面する時は身長や体格、顔立ち、髪型、声、仕草、装いが判断の手がかりとして扱われます。ちなみに私はショートヘアで眼鏡をかけているために、マスクを装着してコートを着ていると遠目に男性とみなされることがあり、地声が低めなこともあって電話口で男性として対応されたこともあります。このような実体験から、性別を判断する手がかりは状況によって変化し、その基準は曖昧で不確かなものだと感じます。また、実際に対面して判断を下すことと、写真や映像など画面越しに見て判断することの間にはギャップがあって、顔の向きや角度、化粧や服装、さらには照明や周囲の環境など、容姿に加えられるチューニングや演出によって、見た目の印象が様変わりすることは、多くの人が経験していることでしょう。昨今ではFaceApp や SNOW のような、スマートフォンの写真加工アプリで、撮影した写真を元に画像の上で性別や年齢を操作してバーチャルな変身を楽しみ、ソーシャルメディアで公開することが流行していますが、加工のオプションとして設定されている「女性化」、「男性化」は、あくまでも女性らしい、あるいは男性らしいものとして類型化・パターン化された外見です。そのパターンに寄せたチューニング作業において、外見的な特徴の中で何によって「女性・男性らしさ」が認識できるとされていて、それらをどのように受け止めているのか、ということを振り返って考える必要もあるでしょう。

　そのための手がかりを与えてくれるのが、アメリカの写真家ナンシー・バーソン（一九四八－）のポートレート作品です。バーソンは、一九八〇年代からデジタル合成技術を取り入れた作品制作の先駆者として知られており、人の相貌が作品のテーマの中で大きな位置を占めています。《He With She and She With He》（一九九六）は、デジタル合成されたふたつの顔を並置した作品で、見比べてみると、男性的に見える顔と、女性的に見える顔の間の差異はごく微細な点（骨格や体毛、肌の調子など）に表れていて、その差異によって「微細ではあるが確実に何かが違う」という印象を与えます〔図1〕。また、ポラロイド写真で撮影されたポートレートのシリーズ《The He/She's》（一九九七／一九九八年）は、モデルの顔の一部に照明を当てて撮影しており、身体と顔の一部を影の中に隠し、化粧や髪型、輪郭、服装のような性別判断の手がかりになるような要素を削ぎ落とした上で、鑑賞者にモデルの姿を差し出しています[5]〔図2〕。このように、人の相貌の中には、

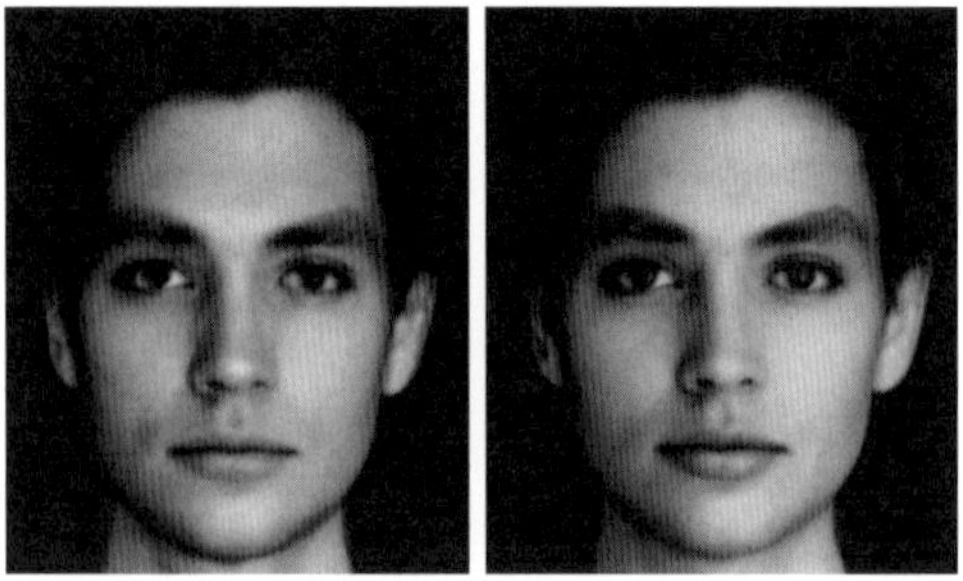

〔図1〕ナンシー・バーソン《He With She and She With He》（1996年）

男女として二元的に割り振って判断できない側面が具わっていることを写真で目の当たりにすると、ジェンダーの間には明確な差異があるとする表現方法は、社会的な要請の上に成り立ち、「そう見せることが便宜に適っている」からそのように見えるように、人物が選ばれ、見え方が設定されていることが浮かび上がってきます。

このような性別二元論に根ざしたジェンダー表現は、消費社会の中で広告を通して際限なく作り出されています。広告写真の中で、人物は理想化された消費者像として表され、広告に出演するタレントやモデルは、個々の商品やサービスを宣伝するだけではなく、社会の中で期待されている身体規範やジェンダー観を反映した容姿を持ち、性別役割を演じる存在でもあります。先に見たバーソンのポートレート作品は、主に相貌に表れるジェンダーへの着目と再考を促すものですが、広告におけるジェンダー表現のあり方について考えるためには、容姿だけではなく、演じられている性別役割にも目を向ける必要があります。

身近に見られる性別役割の表現の一例として、アサヒビールが製造・販売している「アサヒスーパードライ」の広告を見てみましょう。この商品は一九八七年の発売以降、「キレのある辛口ビール」としてヒットし、現在も広く支持されています。広告に起用されるのは男性の芸能人・スポーツ選手・文化人が多く、ＣＭに描かれるシーン（仕事の様子や打ち上げの場面、水飛沫や泡の描写）や長年使われている男性声優による重低音のサウンドロゴにより、「力強さ」「勢い」「男らしさ」を商品のイメージとして強く印象づけ、「男性が仕事の後に、達成感を得て飲むビールが最高に美味しい」ということが広告の中で繰り返し謳われ、成人男性の就労と成功者像、飲酒のイメージを形作ってきました。このような広告の展開をジェンダー表現の観点から考えるために、二〇一九年に設定されたブラ

〔図2〕ナンシー・バーソン《The He/She's》（1997/1998年）

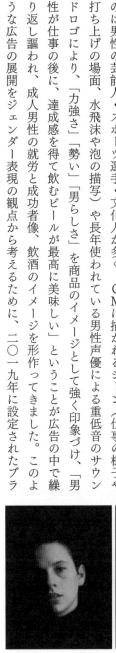

ンドメッセージ「ビールがうまい。この瞬間がたまらない。」を用いた二〇二〇年制作のふたつの広告を比較してみましょう。

ひとつはCM「4月、新たな出会い」に関連して、工場長と営業マン役の尾上菊之助と中村倫也が乾杯を交わす場面を捉えたもの〔図3-1〕で、もうひとつは乃木坂46のメンバーを起用したピンク色の春限定スペシャルパッケージ（二〇一五年から販売）を宣伝するCM「桜の下で、エール篇」に関連して制作されたイメージです〔図3-2〕。中身のビールはどちらも同じですが、室内でジョッキを持って乾杯するスーツ姿の男性と、満開の桜の下でパステルカラーの洋服を着て髪をなびかせて缶を持つ女性を見比べると、シチュエーションや装いという点で設定されている男らしさと女らしさのコントラストが際立たされていることがわかります。前者が強い照明によって顔の輪郭や表情、ジョッキの重量感が強調されているのに対して、後者は画面全体が明るく淡い色調や表情の柔らかさを印象づけます。また、両者に共通しているブランドメッセージは、前者が斜体の太ゴシック書体で表記され、力強く断言するような口調を連想させるのに対して、後者は右上方向に傾けた手書き風の文字で、花吹雪に囲まれて浮き立ってはしゃぐ女性の会話から抜き出されたフレーズとして見えるように表記されています。このように、長年男性的なイメージに依って宣伝されてきた商品が、季節限定商品の販売という商機にあわせて、従来と違う表現として女性のイメージが導入され、起用されるタレントのみならず、ブランドメッセージの表記の仕方から画面の色調に至るまで、あらゆる細部が因習的なジェンダー観を反映した方法で表現されているのを見て取ることができます。

このように類型化されたジェンダー表現は、社会学者のアーヴィング・ゴッフマン（一九二二－一九八二）が、『Gender Advertisements（性差の広告）』（一九七九）で、さま

〔図3-1〕アサヒスーパードライ「4月、新たな出会い」（2020年）

ざまな広告におけるモデルの仕草や画面の構成方法を分析を通して指摘しています。ゴッフマンが四十年以上前に指摘した因習的なジェンダー表現を構成する文法の根本は変わらず、部分的には徐々に見直され、更新されてきている側面もあるとはいえ、現在も頻繁に用いられていることは十分に意識して確認しておくべきことでしょう。このような商品広告で頻用される表現は、雑誌の表紙や官公庁の広報誌や広報ポスターにも広く用いられています〔図4〕。たとえば厚生労働省が発行する広報誌『厚生労働』では女性モデルは頬杖をついたり、しなを作るようなポージングをしていることが多いのに対して、男性は直立していたり、腕組をして肩幅を広く見せていることが多く、パターン化された仕草はジェンダー化された身体規範として強い影響力を持っています。

しかし、このような広告の中の仕草や演出を指摘し、分析することで、私は「男らしさ・女らしさ」の表現が存在することそのものを否定したいのではありません。それらの表現がその画面に登場する人に直接結びついているのではなく、撮影時の照明や演出、画像加工、キャッチコピーの配置など広告制作の過程で、あらゆる細部に至るまで綿密に計画され、演出された成果として作られたものであることを強調しておきたいのです。

性別二元論に根ざした消費社会のジェンダー表現を、物を購入し、所有するという消費活動の実態に照らし合わせて視覚化した作品として、韓国の写真家であるユン・ジョンミ（一九六九－）が二〇〇五年から制作した「The Pink and Blue Project」が挙げられます。このプロジェクトは、幼い子どもたちを子ども部屋の中で玩具や洋服、絵本、学用品といった持ち物と一緒に撮影したポートレート写真シリーズです。これは、ジョンミの娘が五歳頃からピンクに執着する様子を目の当たりにしたことが契機となって始められ、幼児から小学生ぐらいの女児と男児が、それぞれピンクのものとブルーのもので床や壁が埋め尽く

〔図3-2〕アサヒスーパードライ「桜の下で、エール篇」（2020年）

された空間で捉えられています。ユン・ジョンミは、アメリカ合衆国や韓国でプロジェクトを継続していく中で、ディズニー映画やアニメ、ゲーム、キャラクター商品が、人種や国を超えて子どもたちの生活空間の中に深く浸透していることや、ピンクとブルーでジェンダーの区分が強力に作用していることを明るみにしています。当初は就学前の幼い子どもたちを中心に撮影が進められていましたが、同じ子どもが年月を経て再び、三度と撮影されることもあり、成長するにつれて持ち物や色の好みに個人の経験が反映されて変わっていく過程を見て取ることができます。

　このプロジェクトは、さまざまな展覧会を通して紹介されるだけでなく、写真集『The Pink and Blue Project』（二〇一八）〔図5〕及び、写真絵本『Hi My Pink Blue』（二〇二一）としても注目を集めました。[6]これらが刊行されたのは、子どもたちや若者を取り巻く環境の中でのジェンダー表現が見直されて、ジェンダーレス化が進められるようになった時期に重なります。このプロジェクトに関連する事例から挙げると、二〇一五年にはアメリカの大手ディスカウントストアのTargetが、顧客からの意見に対応しながら、玩具売り場の「男の子向け」「女の子向け」の標識を段階的に撤廃し、配色を含めた男女の区別を廃止しています。また、世界規模で展開する玩具量販店のトイザらスがオンラインショップから男女区分の撤廃に着手し、実店舗も区分けしない方針が各国に普及するなど、販売の場において展開したジェンダーレス化は、商品開発にも反映されていきます。二〇一九年にはバービー人形の製造元であるマテル社が、性的な区別をしないジェンダー・ニュートラルなシリーズ「Creatable World」を開発し、多様な人種のスキントーンや髪質を反映したファッション・ドールを発売しました。人形遊びは性別関係なく多様な組み合わせの装いを楽しめて、創造性を発揮できるものというコンセプトを打ち出しています。同年に

〔図4〕厚生労働省『厚生労働』2020年刊行号表紙

は、オーストラリアのホームセンター、Kmartが同性カップルのファミリー人形セットを発売して反響を呼ぶなど、世界各地で同性婚の法制化が進む中で、子ども向けの玩具にも、ジェンダーや家族に関する価値観の多様化が反映されています。

日本国内の展開としては、二〇一八年に女児向けのアニメシリーズ・プリキュアの「HUGっと！プリキュア」において、プリキュア史上初の男の子キャラクター「キュアアンフィニ」が登場し、〝誰だってなりたい自分になれる〟というメッセージを伝え、女の子キャラクターのみだったプリキュアのジェンダー観に新機軸をもたらす存在として大きな反響を呼びました。

このような〝誰だってなりたい自分になれる〟というメッセージは、ゲームの世界にも浸透しています。任天堂の「あつまれどうぶつの森」のような人気ゲームでは、プレイヤーがキャラクターのジェンダーや服装、髪型を自由に作り出すことができることがユーザーから「差別がなく親しみやすいゲーム」として高く評価されたり、「ポケットモンスター」の九作目「ポケットモンスター　スカーレット・バイオレット」では、男性キャラクターと女性キャラクターの服装のジェンダー差を少なくしています。このようなゲーム業界の取り組みは、グローバル企業として固定したジェンダー観を押しつけないこと、多様性の表現に配慮をすることが求められていることの反映であり、子どもたちや若年層世代はゲームやエンタメコンテンツを通してすでに違うジェンダー表現の景色の一端を見ているのかもしれません。これまで見てきたように、二〇一〇年代後半以降、消費社会を駆動する広告や商品のジェンダー表現にも性別二元論的な価値観を見直し、より包括的な表現を取り入れることは、大企業が提供する製品やサービスの中でも重要視されています。育児や教育に関わる世代にこそ、何が変化しつつあるのかを確かめながら、ジェンダーに対す

〔図5〕ユン・ジョンミ『ピンクブループロジェクト』日本語版表紙（タバブックス、2023年）

る認識を更新していく必要があります。ジェンダー観に限ったことではありませんが、これまでに身につけてしまった価値観をぬぐい落とすことはかなり困難です。しかし、すでに無効になりつつある因習的な規範を見直すことは、多様性を受け入れ、ジェンダー平等の社会を実現するために必須のプロセスです。

写真と言葉の関係を注視することの重要性

先ほど、アサヒスーパードライの二種類の広告の比較を通して、写真の演出方法や、キャッチコピーの表記が、男女のジェンダーにコントラストをつけて表す手法になっていることを確認しました。このような大企業の広告はタレントの起用や、撮影、デザインなど制作のあらゆるプロセスがチームプロダクションとして入念な指揮のもとにありますが、パンフレットやポスター、インターネット上の広告、PR記事では、用途に応じて無償・有償で提供されている素材写真を商用利用しているものが数多くあります。写っているものの要素によってカテゴリー分けされ、用途に応じて選ばれますが、若い女性が写っている写真はアイキャッチとして頻用されます。ここに挙げた「顔を正面に向けて口を大きく開けて笑う女性の写真」〔図6－1〕は、容姿（髪型・年齢・歯並び・肌）や雰囲気（親しみやすさ・可愛らしさ）、想起される感情・心理状態（達成感・幸福感・満足感）の演出目的から、「若い、好感が持てる、親しみやすい、そして際立って目立たないがゆえに、さまざまな環境に馴染む」女性像として、あらゆる業種の広告（矯正歯科・運転免許教習所・出会い系アプリ・脱毛・ヘアサロン・美容製品）に使われています〔図6－2、6－3〕。同じ写真がさまざまな広告に用いられているのを見比べると、この写真が「過去に撮影された誰かであ

〔図 6-1〕（右）笑顔の女性の素材写真
〔図 6-2〕（左）運転免許教習所のパンフレット

る」ということが背景化し、ピクトグラムやアイコンに近いイメージへと転換されて、広告の中にのみ存在する記号としての「若い女性」に託される意味や役割が浮かび上がってきます。

海外の映画やドラマなどの映像コンテンツ宣材（ポスターやディスクのパッケージ、ウェブサイトなど）のビジュアルを比較すると、上映・放送される国や言語圏による宣伝方法の違いが際立ち、写真が素材として扱われる時、その扱われ方やデザイン、キャッチコピーによってどのような意味が生まれてニュアンスが変化しているかを考えることができます。その一例として、二十世紀初頭の婦人参政権を求めた女性たちを描いた『未来を花束にして（原題：SUFFRAGETTE＝婦人参政権論者）』（二〇一五）のポスターを比較してみましょう。[7]

イギリスのオリジナル版ポスターは、サフラジェットのシンボルカラーで彼女たちがロゼットや襷《たすき》、メダルとして身につけた紫・白・緑のバナーとシンボルマークの天使像をあしらい、主要登場人物を演じるヘレナ・ボナム＝カーター、キャリー・マリガン、メリル・ストリープをそれぞれ個別に撮影した写真を組み合わせ、「The Time is Now（今こそがその時）」という太さが均等なゴシック体のキャッチコピーと映画のタイトルが、人物同様に中央揃えで配置されています。写真は直立した状態で膝下から頭部まで捉えられているので「立ち上がっている」ことが強調され、タイトルとキャッチコピーは宣言文のように明確で力強い印象を与えます（図7-1）。それに対して日本版のポスターでは、邦題『未来を花束にして』が明朝体に唐草をあしらったような繊細で流麗な書体です。「百年後のあなたへ」と添えられたキャッチコピーは、一世紀を経て過去から届けられたメッセージのように表現されています。登場人物の配置順はオリジナル版と同じですが、腰周辺でトリミングされ、画面の下部には映画のシーンを四つ抜き出して配置し、内容の説明文が添

〔図 6-3〕ヘッドシュワー（ヘッドマッサージ用品）のパッケージ（2023 年 7 月最終閲覧）

えられています。登場人物の背景には煌めくような光彩模様があしらわれていて、タイトルやキャッチコピーの配置も軽やかさを演出しています〔図7－2〕。

ふたつのポスターを比較すると、オリジナル版では参政権を求めて懸命に闘った女性たちの力強さが全面的に打ち出されていますが、日本版は画面全体のトーンが柔らかく、「花」という言葉が邦題に含まれ、花が画面の左下にあしらわれていることもあり、可憐で優しい印象が演出されています。さらに、キャッチコピーが囁きのようなニュアンスを帯びていて、同じ内容の映画と思えないほどに表現が異なっていることがわかります。日本では「サフラジェット」という言葉やイギリスの婦人参政権運動の歴史は広く認知されていないため、日本版には内容を捕捉する文章と「百年後のあなたに」というキャッチコピーで、史実をもとに作られた映画であることを伝える必要はあるのかもしれませんが、情報の追加によって、ポスター全体の表現が説明的になりすぎていることは否めません。

フランス版の宣材では、登場人物三人の写真の肩から上の部分を使って顔の表情を強く印象づけ、その下にはサフラジェットたちが群衆となって路上で行なったデモのシーンが組み合わせられていて、社会運動とその運動を先導した人物として関係づけられています〔図8－1〕。また、暗めの画面と白抜きの古典的な書体が歴史映画としての重厚さも演出しています。このような同じ写真を異なる方法で組み合わせて作られたポスターのほかに、アメリカ版ではデモを行ったサフラジェットたちが警察に連行されるシーンを使用して作られたポスターもあり、その切迫した表情は、女性参政権運動が展開された当時、実際に撮影されて新聞に掲載された報道写真をも連想させます〔図8－2〕。また、警察に連行・逮捕された後に撮影された写真（マグショット）を連想させる正面を向いた登場人物の写真が、洗い晒したような色調に加工され、ステンシルの文字で「母親・娘・叛逆者・サフ

〔図7-1〕（右）「SUFFRAGETTE」（2015年）イギリス版劇場ポスター

〔図7-2〕（左）「未来を花束にして」（2016年）日本版劇場ポスター

ラジェット」と重ねられており、犯罪者の指名手配ポスターを彷彿とさせるような表現になっているものもあり、サフラジェットたちが当時「叛逆者・ならずもの」とみなされる存在だったことを想起させます〔図8－3〕。

このように、複数のポスターを通して異なる国・言語圏でどのように宣伝されているのかを見比べると、映画の内容をどのように印象づけたいのか、どのような鑑賞者を想定しているのかによって、その表現が大きく異なっていることがわかります。また、日本版のポスターの基調が、「女性的」、「女性に好まれる」、「女性の心を摑む」デザインとして形成されてきた柔らかく、淡い色調の表現（先ほど分析したスーパードライの春限定パッケージの広告にも共通しています）を踏襲していることを鑑みると、日本版のポスターでは、オリジナル版や他の言語圏のポスターで表現されているような、政治的な主張の強さや、頑なな態度、激しい感情は削ぎ落とされてしまっています。この作品に限らず、海外の女性映画が日本で紹介されるときに、「抑圧や支配からの解放をテーマにしたものは激しさを消される」ことは、Twitter上で展開した「#女性映画が日本に来るとこうなる」で指摘されてきました。このように映画やドラマの宣伝方法の比較によって、私たちが広告を通して情報を受け取る時、そこで用いられている表現は、さまざまにあり得る表現方法のバリエーションの一部にすぎず、大衆に受け入れられている表現は、その社会の中で支配的・規範的な価値を反映していることを確認しておくべきでしょう。またそれらの表現が、ジェンダーの価値観や認知に大きな影響を及ぼしていることも忘れてはいけません。それらの表現に対して「モヤモヤするような違和感」を抱くとするならば、どのような部分に対してなのか、キャッチコピーや説明文のような言葉や写真やイラストのような視覚表現を切り分けて指摘し、心理的な安全性を保てる人との間でコミュニケーションを図ってみると、

〔図 8-1〕（右）「LES SUFFRAGETTES」（2015 年）フランス版劇場ポスター

〔図 8-2〕（左）「SUFFRAGETTE」（2015 年）アメリカ版劇場ポスター①

その違和感を自分の中に抱え込んだままにせずに問題意識を共有することに繋がります。広告に限らず、創作物から受ける印象や見方は、人によってそれぞれ異なりますが、お互いにどのようなところに共通するのか、あるいは相違する見解を持つのかを確かめ合うプロセスは大切な作業です。また、このようなコミュニケーションを経た上で、ある表現が「ステレオタイプで時代遅れである」とか、「性差別的だと感じる」、「受け入れ難い」という意見が導き出されるのであれば、それらに代わる表現はありうるのかを考えるトレーニングになり、企業やメディアに対して改善を求める働きかけにも繋がっていくのではないでしょうか。

繰り返しになりますが、私はジェンダー表現として「男らしさ・女らしさ」の表現が存在することそのものを否定したいのではありません。しかし、多くの広告が因習的な性別二元論に基づいて制作されている以上、その前提となっている価値観を問い直すことは、今後より包摂的でジェンダー平等な社会を目指す上で必要なプロセスだと思いますし、広告観察の目的はそのための視点を獲得することです。この章の締め括りとして、トランスフェミニンで作家、パフォーマンスアーティスト、メディアパーソナリティとして活躍するアロック・ヴァイド・メノン（一九九一－）の著作『Beyond the Gender Binary（性別二元論を超えて）』の序文の言葉を一部紹介します。

「性別二元論とは、ふたつの別々の、相対する性別しか存在しない、という文化によって規定されてきた考えであり、このような考え方が、既存の権力システムによって支えられ、対立と分離が生み出され、創造性と多様性が阻まれているのです。〔中略〕問題は、ジェンダー・ノンコンフォーミングな（ジェンダー規範に異議を唱え、従わない）

〔図 8-3〕「SUFFRAGETTE」（2015 年）アメリカ版劇場ポスター②

人が、男性や女性になり損ねていることではありません。何よりもまず、私たちを評価する基準こそが問題なのです。」（日本語訳は筆者による）

註

1　ノンバイナリー・ジェンダーの人称代名詞としては、they のほかにも、数学者のマイケル・スピヴァックが一九八三年に提唱した、スピヴァック代名詞（E, Em, Eir）があります。言語とジェンダーの関係と歴史については、『ノンバイナリーがわかる本：he でも she でもない、they たちのこと』エリス・ヤング著、上田勢子訳（明石書房、二〇二一年）の第二章「ジェンダーと言語」に詳説されています。

2　ウェブスター英語辞典は、「they」を「二〇一九年の言葉」と位置づけ、男や女など特定の性別では括れないノンバイナリージェンダー（トランスジェンダーやXジェンダーなど）の人たちを指す単数形代名詞を指す」という新たな定義を追加しました。それ以前にも、they には「ジェンダーをあえて明かさない人に対して使われる人称代名詞」という定義がありました。

3　ADA法のガイドラインに沿って制作されているピクトグラムや標識については、以下のサイトを参照しました。https://www.adasigndepot.com/

4　Antoni Muntadas, *Ladies & Gentlemen.* Actar, 2001

5　ナンシー・バーソンの作品は、公式ウェブサイトを参照 https://www.nancyburson.com/

6　写真集『The Pink and Blue Project』（二〇一八）は、ドイツの出版社 Hatje Cantz、写真絵本『Hi My Pink Blue』（二〇二一）は韓国の出版社우리학교から刊行されました。写真絵本の日本語版は、二〇二三年にタバブックスから刊行されました。作品は公式ウェブサイトで閲覧できます。
http://www.jeongmeeyoon.com/

7　『未来を花束にして』は、二〇一六年に Twitter で「#女性映画が日本に来るとこうなる」というハッシュタグをつけて投稿された海外映画のオリジナル版と日本版のポスターや宣材の比較する一連の投稿の火付け役となった作品です。

「#女性映画が日本に来るとこうなる 画像まとめ」 https://togetter.com/li/1024335

8 Alok Vaid-Menon, *Beyond the Gender Binary*, Penguin Random House, 2020, pp.5-6

2

広告観察日記　2018-2023

公共空間の広告を観察・分析しながら、時事的な出来事、気づきや違和感を抱いたことをメモとして残しておきたいと考え、続けている広告観察日記。

オリンピック開催前からコロナ禍を経る社会の記録でもあります。

2018年6月23日

梅雨前ぐらいになると、電車の中に脱毛、ダイエット、制汗剤の広告が溢れ出し、婚活や進学塾の広告とあいまって、世の中の脅迫的なメッセージの圧力が強まり、気が滅入る。痩せろとか、毛を抜けとか、汗を抑えろとか、女の身体にいちいち介入するのはやめてほしい。全身美容脱毛サロン［コロリー］のキャッチコピーにある「魅せ肌は、女子の武器（ミカタ）」「全身34部位」というのはどのようにエリア区分されているのだろうかと、分節の仕方も気になる。*#脱毛広告観察*（埼京線）

2019年11月22日

「キレイは、強い」。脱毛サロン［キレイモ］の車内広告。数ある美容脱毛サロン・クリニックの広告の中でも渡辺直美を起用しているキレイモは、ショッキングピンクやゴツゴツした書体を使用しているので目立つ。美容脱毛産業各社が展開する広告の傾向を過去10年分ぐらい分析したら、色々と見えてくるものがありそうだ。*#脱毛広告観察*（埼京線）

広告の左下に、SDGsの中の「ジェンダー平等」を推進しているという記述がある。SDGs（持続可能な開発目標）が国連サミットで採択されたのは、2015年9月。2018年頃からSDGsを謳う広告が増えてきた。

2020 年 1 月 17 日

1 平方メートルにも満たないドア付近の壁面を、結婚相談所、シェイプアップを謳うフィットネス、医療脱毛、結婚式場探しのゼクシィ、転職のマイナビ、動画で美容関係の道具の広告がひしめき合うように並んでいる。*# 脱毛広告観察*

2020 年 1 月 中国・武漢で新型肺炎発生。
3 月 緊急事態宣言発出、東京五輪開催延期決定（3 月 24 日）。

2020 年 8 月 3 日

 # 脱毛広告観察　埼京線、湘南新宿ラインと乗り継いだが、車内広告の量は 3 〜 4 割減った印象。ドア脇のスペースも空いているところが目立つ。吊り広告も少ない。それでも脱毛広告の総量はあまり変わっていない気もする。オンライン脱毛とか、脱毛器の宣伝にシフトしている会社もある。乗客が皆マスクをしている車内で広告に登場するモデルだけが顔を晒している。

2020 年 4 月　アベノマスク配布。
2020 年の総広告費は、通年で 6 兆 1,594 億円（前年比 88.8%）、2021 年には、インターネット広告費がマスコミ四媒体（新聞、雑誌、ラジオ、テレビ）広告費を超える（電通による調査）。

2020年8月3日

夏休みに入って子どもの個人面談。小学校内には相変わらずオリンピックのポスターが掲出されており、ソーシャル・ディスタンスは「思いやりの距離」と言い換えられている。

2016年度から東京都公立学校で「東京都オリンピック・パラリンピック教育」プログラム開始、東京五輪公式エンブレム発表。
2018年東京五輪マスコット発表。

2020年11月13日

非接触式検知器（体温サーモグラフィー）、昭和大学(医科大学)、PCR検査のクリニックと広告が並ぶコロナ禍車中。

2020年9月　にしたんクリニック、日本初となるPCR検査のTVCMの放送開始（関東圏）。

2020年12月19日

配色、顔の角度、ライティング、画像修正どれをとってもグロテスクに映る。（目黒周辺）

菅義偉内閣、2020年9月16日成立、2021年10月4日総辞職。キャッチコピーは「国民のために働く。」。赤を背景に「情熱」を表現。

2020年12月13日

「必ず取り戻す。」

「美は、鍛えられる。」

北朝鮮人権侵害啓発週間の広報とヤーマンの美顔器メディリフトの広告が隣あっている。相互のキャッチコピーが微妙にリンクするようにも読めてくるシュールな組み合わせ。美顔器が拘束装置のように見えるからかもしれない。マスク生活とリモートワークにより、表情筋を使う機会が激減したために、顔の筋肉を刺激する美顔器の需要が高まっている。男性向けの脱毛広告と同様に、美容の文脈に「鍛錬」の要素が取り入れられている。男性モデルは武田真治。

メンズコスメの市場は2010年代末から拡大しており、コロナ禍で心理的ストレスやマスクによる肌荒れに悩む男性が増加したことで、美容、スキンケアへのニーズが高まる。

2021 年 4 月 23 日

未だにオリンピック仕様のラッピングトレインが走っている。聖火リレーの継続と緊急事態宣言発出が同時進行というのは、社会全体が意識が混乱した状態に陥っているということではなかろうか。(埼京線)

東京五輪のラッピングトレインは、2018 年から JR 東日本の車両、京急、東京メトロ、京王電鉄、小田急線など首都圏の電鉄会社の車両で導入された。

2021 年 5 月 4 日

子どもが連休前に学校でもらって持ち帰ってきた聖火リレーのタオル。昨年の日付で TOYOTA のスポンサーマークつき。昨年は緊急事態宣言中で開催延期のために配れなかったから今頃渡しているそうだ。緊急事態宣言と聖火リレーが同時進行で、商業オリンピックのプロパガンダが東京都内の公立学校で延々と続けられている。

東京 2020 オリンピック聖火リレーは、2021 年 3 月 25 日～ 7 月 23 日で実施。TOYOTA は東京五輪スポンサーの中でも国際オリンピック委員会 (IOC) と契約した最上位のワールドワイドパートナー企業であり、2015 ～ 2024 年の期間で TOP（The Olympic Partner) 契約を締結している。

2021年5月22日

5月からスタートしたTBCの広告。室内のローラ、画面のモヤっとしたグリーンは観葉植物で室内空間を表現し、自然体演出。CMでは冒頭に赤子の手と足が出てきてなんとなく「母性」を押し出している。TBCはJOC（日本オリンピック委員会）と関係が深い企業でもある（過去のオリンピックでオフィシャルパートナーだった）ので、2019年からオリンピックと連動した広告で、ローラはトレーニング・ウェアを着たアスリートっぽい装い、勝利の女神的白い衣装を着て登場。オリンピック延期でどういう展開になるかと注視していたが、案の定母性回帰か。「磨こう。人は美しく生まれてくる。」。広告で、女性を女神・母親枠の中に入れるのって、戦時中のプロパガンダの常套手段なので、キナ臭さしかない。

エステティックTBCは、2007年から2008年にかけてJOC(日本オリンピック委員会）とオフィシャルパートナーの契約を結び、2016東京招致オフィシャルパートナーも務めるほかに、五輪出場のアスリートとスポンサー契約を結んでいる。

2021年7月8日

「美容」自体を、またそれにまつわる価値観のすべてを否定する気はないけど、美容産業にベッタリと貼りついているルッキズムが、日常の景色の中に遍在している現状にため息が出る。美容整形の中で二重術は要の位置を占めているけど、そんなに「パッチリと大きな二重の眼」って好まれたり、志向されているものなのだろうか。

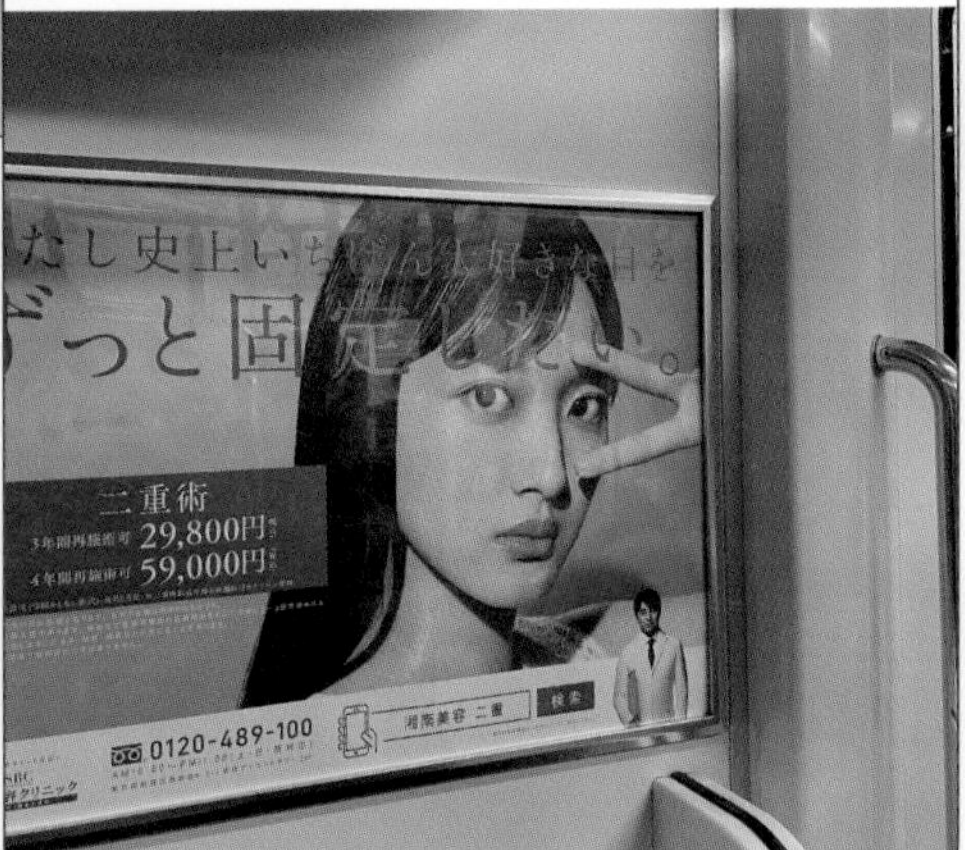

コロナ禍を経る中で、目の周辺の美容（マスカラや目の下のくまへの対処ケアなど）に関わる広告が増加した。

2021年7月27日

オリンピック広告の景色　SK II (P&G ワールドワイドパートナー) のデジタルサイネージ。顔の反復がなかなかに怖い（地下鉄銀座駅）。

2021年8月6日

インタビューの仕事で都心へ出る。マスクしたままだと、相手の表情が摑めず、気疲れして変な汗が出る。東京駅で見かけたSERAOというマスクの広告が黄色で目立つなぁと思った。出演しているのはジャニーズのグループ、King ＆ Princeの岸優太。マスク有りと無し、両方の顔を見せないと、いくら人気タレントでも視認できないことがわかる広告。マスク生活が長くなってきたので、カラーバリエーションを豊富にし、ファッション性を持たせることが重視されるようになってきたのだろうか。

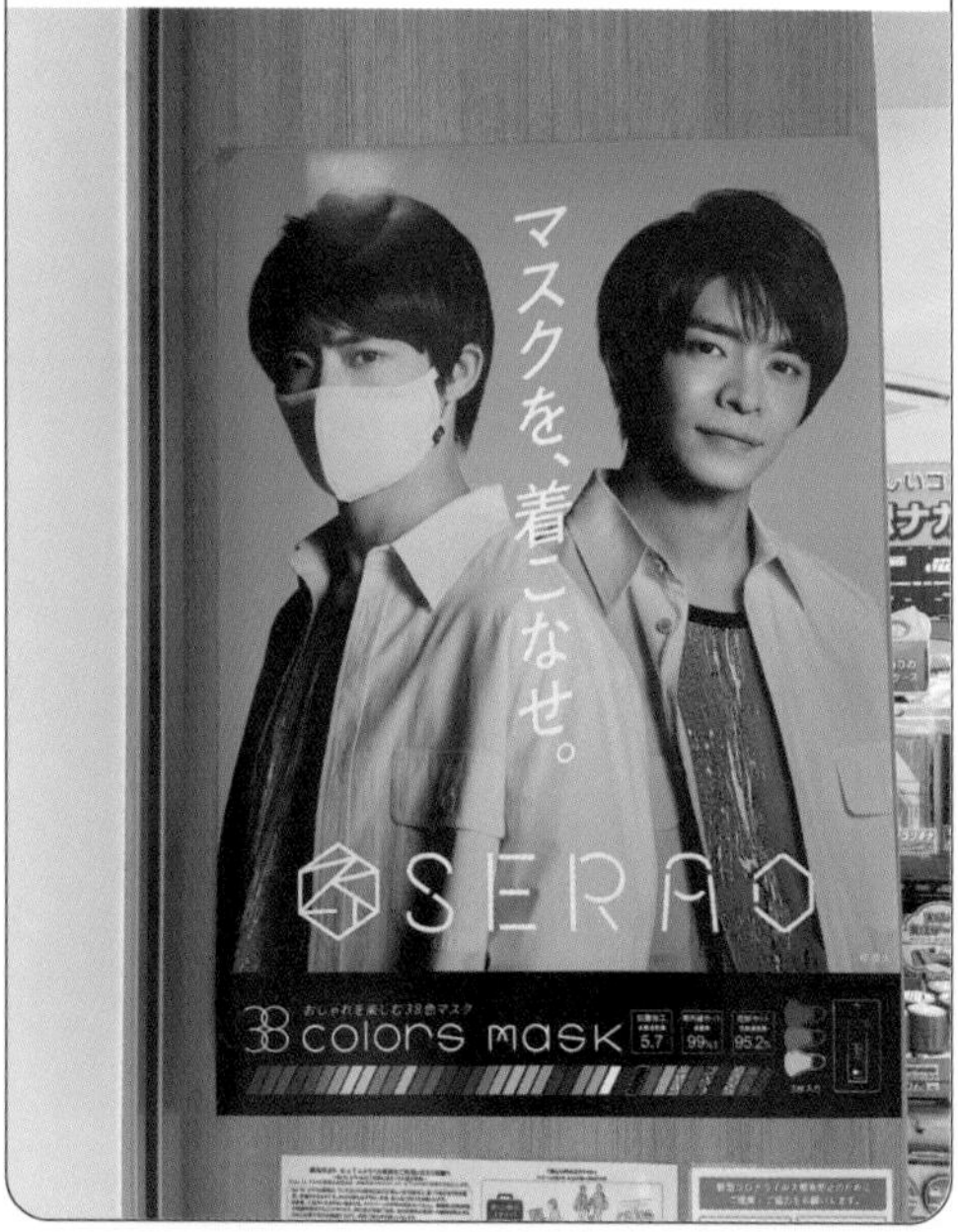

SK-IIは東京五輪の公式スキンケアブランドとして、東京2020オリンピック出場を目指す約1500人の強化指定選手にスキンケア製品を無償提供（2020年）、2021年7月に都内で交通広告を渋谷・新宿・池袋・銀座・秋葉原の駅周辺で大規模に展開した。

2021年9月10日

キレイモの「ウイルス対策」の押し出しが強い（埼京線車内）。

キレイモ、メンズキレイモを運営するヴィエリスは、コロナ禍の影響により経営が悪化。2022年後半以降はキレイモの車内広告は掲出されていない。

2021年10月5日

手書きの文字で「ワタシがすき。セカイがすき。」。コロナ禍が影響しているのか、脱毛広告のキャッチコピーに若干の自己啓発系の風味が混入していて、危うさを感じるというか、「ちょっと、大丈夫？」って思うことがある。脱毛広告観察をしてきていくつかの潮流があると思うのだが、2010年代半ばから2018年ぐらいまではモテ(他者評価軸優先型)とコンプレックス煽り型が広告表現で優位を占めていたけれど、オリンピック前から強さ＋美しさの結びつき強化、SDGs的表現(ボディポジティブ風味)の改訂を経てコロナ禍で自分を励ます系、自己啓発系に向かってる感じがする（洗脳テクニックの王道…）。

2021年11月26日

渋谷駅の出前館の広告量がえげつないことになっている。広告費にどれだけの金額を突っ込んだんだろう。こんな企業広告に景色を塗り替えられたら、街中で正気を保つの無理と思う（渋谷駅）。

宅配ポータルサイトの出前館は、2021年11月に人気ユーチューバーのHIKAKINとはじめしゃちょーを起用したTVCMを放映し、渋谷、池袋、新宿、横浜、川崎など首都圏一都三県で大規模な交通広告ジャックを展開した。

2022年2月18日

#脱毛広告観察　サンドウィッチマンのメンズTBCの広告、大きく口を開けて驚いた表情が気になる。芸人ふたり組で、「一緒に行こうぜ」と呼びかける表現の路線だけど、40代後半の男性を起用すると絵面では増毛の広告なのか脱毛の広告なのかわからない。「男をもっと、クリーンに。」というキャッチコピーだけど、肌の清潔感以外に「クリーン」の含意するものとはなんだろうか。この広告もそうなんだけど、マスク生活が長いから、口元の表情が大きい写真が頻用されるようになった気がする。口元が写っているだけで、訴求力が上がるという感じ。

オミクロンの感染急拡大で、人の多い時間帯は電車に乗るのが本当に嫌になる。PCR検査を予約した。オミクロンの症状が表れない確率が高いのはやっぱり怖いなぁ。神経系にも影響、後遺症が出るというのも怖いし（赤羽駅）。

2022年2月18日

自動販売機の側面全面を覆うタイプの広告。こういう20～30代のスーツ姿のいわゆる「デキる男」、「イケメンサラリーマン」のイメージに自己投影できる人って、実際世の中にはどれくらいいるのだろうか。

2022年4月19日

脱毛サロンのキレイモと「東京リベンジャーズ」がコラボして「脱毛リベンジャーズ」と銘打っている。内閣府の成年年齢18歳引き下げの広報にも「東京リベンジャーズ」が起用されている。絵面だけ見ていたら、商業広告なのか公共広報なのかわからない。漫画の版元である講談社と政権との結びつきも気になる。美容産業も政治とメディアの癒着的な繋がりの中に組み込まれているような気がする。内閣府の広報なのに、女性のキャラクターがひとりしか登場しないのもジェンダー配分の観点からみて問題ではないだろうか（浮間舟渡駅）。

成年年齢18歳に引き下げに伴い、国民生活センターに寄せられる18歳・19歳の消費者トラブルの中でも、「脱毛エステ」に関わるトラブルの件数が大幅に増加している。

2022年7月8日

男性表象メモ。

「筋肉は一生ものの服」

昨日大塚駅で見たGOLD'S GYMの広告。フィットネスジムの広告に登場するマッチョな白人男性モデルは、ロボットみたいに似通って見える。女性の会員もいるだろうけど、GOLD'S GYMは男性向けというイメージが強い。脱げない/脱がないマスキュリニティ(JR大塚駅)。


健康や筋トレへの意識が高まりを反映して、2022年に吉本興業から独立したお笑い芸人のなかやまきんに君が数多くのCMに起用される。

2022年9月30日

警視庁「令和4年 秋の全国交通安全運動」のキャッチコピーは、上気した肌、流し目、乱れ髪でハート抱えて「交通ルール、守ってくれてありがとう♥」。いや、交通ルールって守らんと駄目なやつを誘惑口調で言うなよ、って感じ。自殺予防を呼びかける厚生労働省のポスターも女性が両手でハートを包むポーズをしている。愛情、ケアの表現に女性+ハートマークはもうウンザリだし、交通事故や自殺予防という課題はや女性からの愛情表現でどうにかなるもんじゃないでしょ…(京王線八王子駅)。

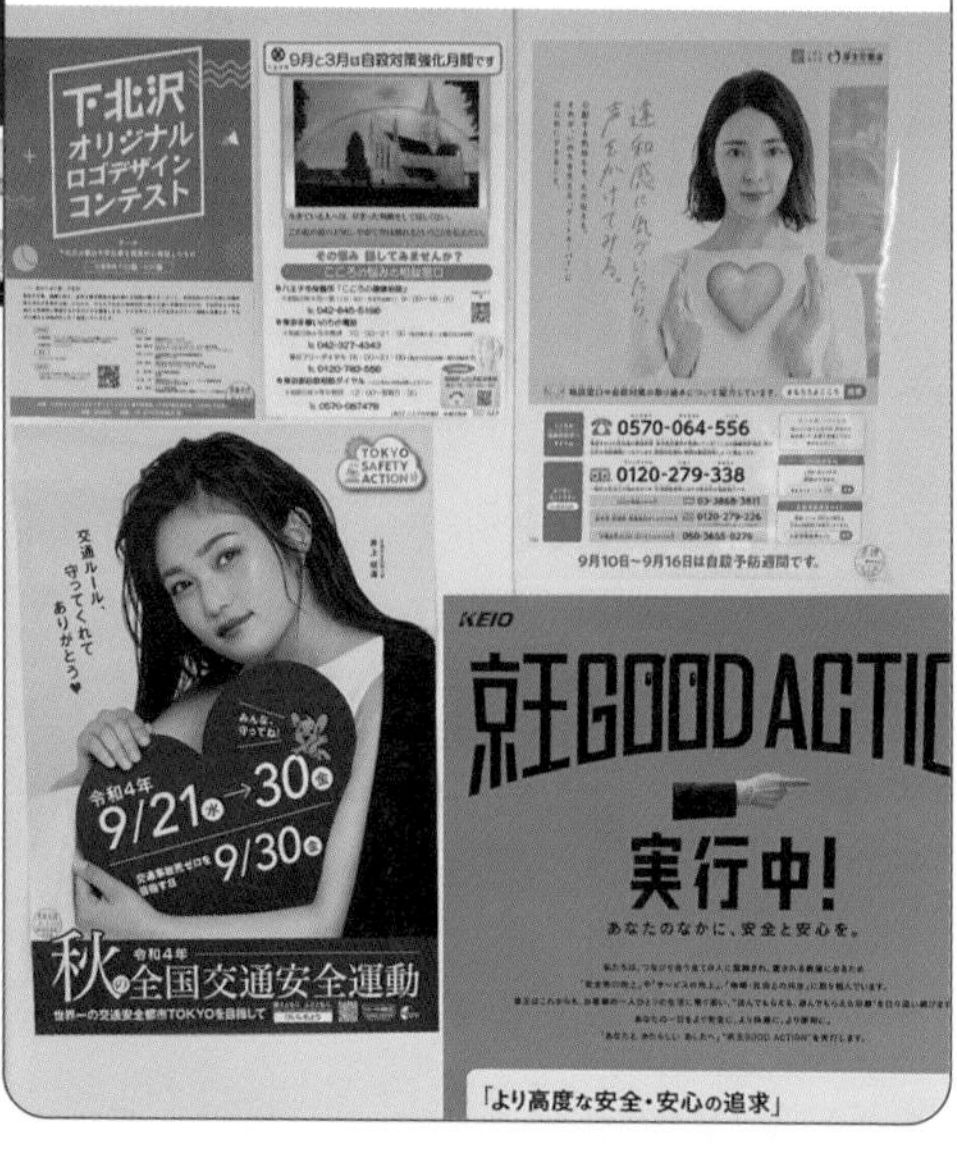

2022年10月14日

新宿二丁目のコミュニティセンターaktaで性感染症予防啓発に関わる色々な広報物をいただいた。HIV/AIDS、性感染症に限らず、社会課題に関する具体的な情報にアクセスしやすく相談できる場所は本当に大切だし、課題に関わる人たちのコミュニケーションの質を上げる努力が必要だと思う。

2022年の梅毒感染者数はおよそ1万3千人にのぼり前年の1.6倍に急増。予防だけではなく、感染後の対処を指南する性教育も必要。検査や受診のハードルを金銭面でも心理面でも下げる取り組みが求められている。

2022年10月14日

Hさんが通勤車内で撮影して送ってくれた写真が、消費者金融、ビジネス雑誌、ファッション雑誌、ビールの吊り広告が並び、日本のおじさん社会を凝縮したような男性表象に満ち満ちていた。

男性性表象分析ワークショップでもしたら良いんではないだろうか？　この視覚環境を洗脳空間と呼ばずして何と呼ぶ？

2023年2月15日

クレ・ド・ポー ボーテ（Clé de Peau Beauté）というスキンケア製品広告。グラデーションと光彩に充ちた空間に神々しい雰囲気を漂わせて浮遊する商品。このパッケージを人物像に置き換えたら新興宗教、スピリチュアル系の本の装幀とかポスターみたいになるのではと思う。電通本社ビルが近いこのあたりの景色は、現実の世界から離れたような黄泉の国感が強いと、来るたびに思う（カレッタ汐留）。

2023年2月23日

Twitterで、「若年層にルッキズム的な価値観を強制する」表現として炎上していた湘南美容外科の「Teens二重術」の広告。「汗、水、すっぴん怖くない！たった3年の高校生活。1秒でも長くカワイイ私で過ごしたい。」3点の写真のうち、3人の女性がグラウンドを駆けてくる写真を使ったものがとくに問題なのは、それが自然なスナップ写真風に見えて、俯瞰視点で3人を捉えた、窃視的(見られていることを意識していない)なニュアンスを帯びているからではないだろうか(埼京線車内)。

湘南美容外科の「二重術」の広告に対しては、ソーシャルメディアやニュースサイトを通してさまざまな批判が寄せられた。湘南美容外科は首都圏ではJR各線を中心に広告を常時掲出しており、断定的・強圧的なコピーが特徴的である。

2023年2月26日

渋谷まで乗った山手線がウマ娘のラッピングトレインだった。キャラクターの胸の谷間が見えないように、配慮のようなエフェクトが重ねられている（いちいち見なくていいとも思うが、視界に入るので仕方ないだろう）。しかし、女性キャラクターの「性的対象化」という指摘を回避したり、公共空間での掲出のためのチューニング用に、「乳袋」的な胸部の描写にエフェクトを重ねて、「調整」や「加減」をすることが、公共空間での適切な対処と言えるのだろうか？

「ウマ娘　プリティダービー」のラッピングトレインは、ゲームのリリース2周年を記念したもので、東京・山手線と、大阪・環状線で走行した。

2021年7月8日

駅のプラットフォームで、空白のビルボードを見かけると、これまでに何枚も広告を貼っては剝がされることを繰り返してきたその表面が、抽象画のように見えるときがある。そういう状態の表面を眺めて、美しいとさえ感じたり、気分的に負担がなくとても楽に感じられるのは、おそらくそれが何かの意味を伝えたり、ものを売ったりする上での役立つという責務から、束の間ではあっても解放された状態が見えるからではないだろうか（高田馬場駅）。

2023年3月5日

新宿から歌舞伎町を経由して新大久保に移動する道すがら、ホストクラブの看板を観察した。ホストクラブの看板は、店舗への帰属性、店内での役職、いわゆるハイブランドのロゴアイテムの頻用、キャッチコピー、業績表示など、見るべきところが多く、デザイン、モンタージュの仕方など日本の男性表象を考える上で重要だと思っている。去年同じく歌舞伎町で広告観察をした時よりも、金色の筆文字が増えたのと着用アイテムにDIOR(クリスチャン・ディオール)のロゴが増えた印象がある。看板のデザインやホストのファッションにも流行りがあるのだろうか(歌舞伎町)。

2023年4月に複合高層ビルの東急歌舞伎町タワーがオープン。ジェンダーレストイレ(共用トイレ)のあり方が物議を醸した。

2023年4月26日

#脱毛広告観察　「足のムダ毛、結構見られてるよ。」男性脱毛、すね毛脱毛を推してくるようになった。広告に起用されている「美容男子」渡辺翔太は、ジャニーズ事務所のSnow Manのメンバー。3月にBBCでジャニー喜多川氏による性加害を巡るドキュメンタリー番組が放映されて、街中で見るジャニーズ事務所所属のタレントが起用された広告を目にすると重苦しい気持ちになる。芸能とメディア、広告のクライアント企業の間の分かち難い関係の背景に、さまざまな加害行為が隠蔽されてきたのだろうな、と思う。

筆者のソーシャルメディア(Facebook、Twitter、Instagram)での投稿をもとに編集・再構成しました。写真はすべて筆者による撮影です。

3

脱毛広告観察

脱毛・美容広告から読み解くジェンダー・人種・身体規範

脱毛広告観察を始めた経緯

都市部で公共交通機関を利用すると、必ずと言っていいほど駅構内や車両に掲出されている脱毛サロンやクリニックの広告を目にします。東京都内で生活する私がそれらの広告を写真に撮って記録する「脱毛広告観察」を始めたのは二〇一八年のことであり、それは東京五輪のボランティア募集広告をはじめとして、五輪関連のキャンペーンが都心の景色を埋め尽くすように増加していった時期に重なります。脱毛広告観察を始めた理由は、脱毛サロンやクリニック各社が価格競争を展開し、驚くほど低価格のキャンペーンを提示して、煽り立てるように消費者を誘導するような広告の表現の仕方には、景品表示法に照らし合わせて問題はないのだろうか、と訝しく感じたことが発端でした。また、モデルやタレントの女性がノースリーブやショートパンツ、水着など露出度の高い服をまとい、ツルツルすべすべの肌を誇示し、脱毛することが美しい肌を手に入れることであり、マナーや規範のように「すべきこと」として強制するような表現が多いことに苛立ちを感じたからでもあります。

脱毛広告が窓上・中吊り・ドア横・窓貼りステッカーとして、視界に入るあらゆる場所に掲出された電車内にいると、自分の身体が「体毛を毟《むし》り取るための表面」として扱われているような不快感が湧き上がり、キャッチコピーの文言や写真を観察・分析することで、それらの表現がなぜ不快感を与えるのかを確かめたいと考えるようになりました。このように、当初は訝しさや苛立ちというネガティブな感情を抱いたことがきっかけになって始めた「脱毛広告観察」でしたが、駅構内や電車内で脱毛広告の写真を撮るうちに、広告やそれらが掲出される空間に関連して、ありとあらゆる関心が湧き上がってきました。意識していなくてもありとあらゆる広告が視界に飛び込んでくる交通機関の公共空間としてのあり方や、競合する脱毛サロンやクリニック各社のブランディングの仕方、イメージキャラクターを務めるタレントやモデル、シーズン毎に異なる演出方法や広告のデザインなど、広告表現を成り立たせている要素や社会的な背景にも目を向ける必要があると感じるようになったのです。

また、広告が読み取られる文脈を考えるためには、個別の広告をクローズアップで記録するだけではなく、広告が作り出している景色を捉える必要があると考え、撮影する際には、広告の並び方や組み合わせ方がわかるように引いた距離からも撮影するようになりました。そうすることで、隣り合わせる広告の中で、登場する人物のジェンダー役割が明確に浮かび上がってくることにも気づきました。たとえば、脱毛サロン・クリニックの広告では若い女性がレセプショニスト、スタッフを連想させる制服をまとって首を傾げたり、上目遣いをしたり、微笑んだりしているのに対して、美容外科の医師〔医療脱毛やAGA〔薄毛治療〕を含む〕は白衣を着た中年男性が腕組みをしている姿で表されているといった具合です〔図1〕。車内広告を観察するうちに、テレビやインターネットのようなメディア、とくにYouTubeやInstagramのようなソーシャルメディアでの脱毛広告のあり方や、公共空間の広告とインターネット広告の表現の違いにも関心を持つようになりました。二〇二〇年から社会全体がコロナ禍に巻き込まれ、感染予防のためにマスクを装着する生活を余儀なくされる一方で、東京五輪の開催が一年延期され、社会が混乱を極める中で強行開催される過程を目の当たりにしながら、広告が身体をどのように表現し、世論をひとつの方向に導くプロパガンダとしてどのような影響力を持つのか、考えを巡らせるように

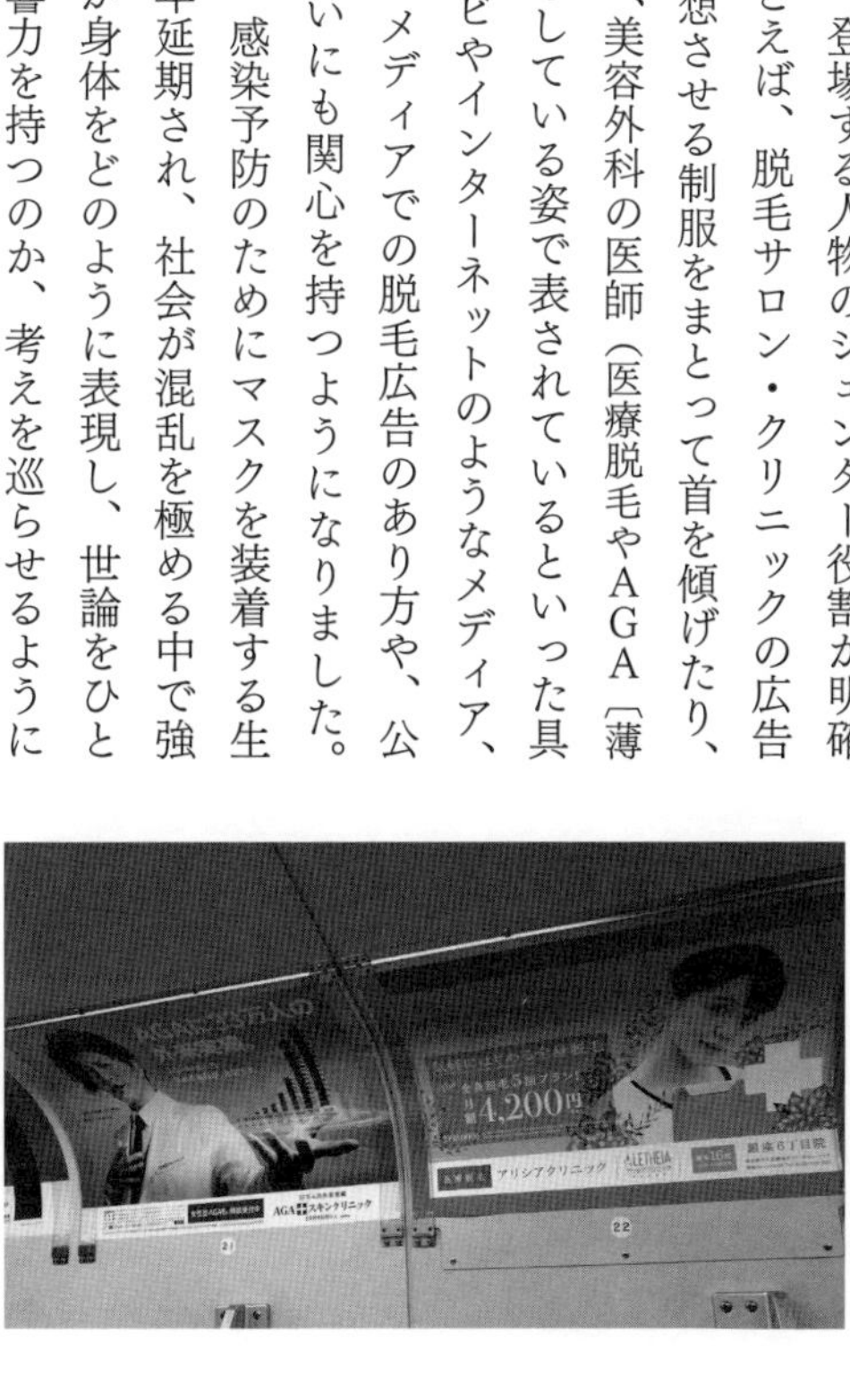

〔図1〕薄毛治療広告（AGAスキンクリニック）と脱毛広告（アリシアクリニック）の並置
京浜東北線車内（2019年12月）

もなりました。

コンプレックス煽り型の広告と「脱毛一択」の圧

脱毛広告観察を始めてから数カ月経った頃に東京メトロ丸ノ内線の車内で見かけて衝撃を受けたのが、リゼクリニックの窓上ポスター広告（二〇一八）です〔図2〕。ワイド画面には仰向けに横たわる白人女性の全身像が捉えられていて、あたかも荷物棚の上に人がいるかのようなインパクトに視線が釘づけになりました。女性の周囲には先の尖った黒い突起物が配置され、身動きが取れないように拘束しているようで、タイトミニのドレスや背景は肌の色に近く、突起物の輪郭をくっきりと浮き上がらせています。胴体の上には「どんな美人も三日で飽きる、ブスは三日で慣れる」という女性の容姿を主に異性愛男性の目線から捉えて表現する謂れをもじった「どんな美人も、3日で生える。」というキャッチコピーが重ねられています。このキャッチコピーは、悲しげで憂鬱そうな表情を浮かべた女性の心情を反映した言葉として、自己処理してもまた生えてくるムダ毛への嫌悪感を表し、クリニックで施術を受けない限りは永遠にムダ毛の拘束から解放されることはない、という脅迫を帯びたメッセージを放っています。[1]

この広告の視覚的なインパクトのひとつは、女性が体毛の生える地肌の上に横たわっているかのようにスケール感が操作されることで、彼女が生身の人間というよりも、あたかも人形のようにモノ化された状態として表されるということによって生じています。さらに、女性の頭髪が極めて明るいブロンドであるにもかかわらず、体毛を模した突起物が黒いことも鋭利な刃物のような形状と相まって強い印象を残します。つまり脱毛で取り除か

〔図2〕リゼクリニック「どんな美人も、3日で生える。」丸ノ内線車内　(2018年12月)

れるべき「ムダ毛」は彼女の体毛ではなく、車内で広告を見る（多くは日本人として想定される）乗客のそれであり、白人女性によって表された「ツルツルすべすべの理想的な身体像」と組み合わせられることによって生じるギャップは、白人コンプレックスに根ざした審美観を露わにしています。

この広告が端的に示すように、白人コンプレックスと分かち難く結びついた審美観は脱毛広告や美容広告に通底しており、脱毛して美しい肌を手に入れることは、装いを選ぶ前の段階に、土台としての肌の状態を整えるための必須のプロセスとして位置づけられています。つまり、個々人がそれぞれの好みによって衣服や化粧、髪型を選択する以前にまず脱毛に取り組むべきであり、それがあたかも他に選択の余地がないルール、規範であるかのように繰り返し説かれています。「ムダ毛のない肌＝美しい肌」という図式と、美しい肌を手に入れる手段としての「脱毛一択」の価値観は揺るぎないものとされています。脱毛広告がこのような規範性を強圧的に打ち出し、恋愛や就職活動のような身体が主に異性として設定される他者からの視線に晒され、容姿を評価され、選別される場面を設定した上で、コンプレックスを煽り立てる表現を用いることは既に指摘されています。[2]近年、車内広告ではあからさまな方法でコンプレックスを煽る表現は避けられるようになりましたが、YouTubeで表示される漫画形式の広告は、若年層を中心に注意喚起することを目的として、恋愛や就職活動の面接など異性からの見た目の評価を軸にしたストーリー仕立てになっているものが多く、短時間だけ表示されるInstagramのストーリー広告は、性的・性差別的なニュアンスも含み、嫌悪感を喚起するがゆえに印象に残ってしまう表現が散見されます。

このようなコンプレックス商法の影響は、若年層だけではなく、七歳から十五歳までの子どもを対象とする「キッズ（ジュニア）脱毛」にも及んでいて、毛深いことが原因で学校でいじめられる、習い事や体育の授業で肌を露出しなければならない、思春期になって体毛の濃さや量が気になる、といった子どもの悩みを解消する手段として宣伝されますし、コロナ禍を経る中で売り上げを伸ばしている家庭用脱毛器の広告では「子供にも使える」ことを謳って、小学生くらいの女児が登場するものもあります。[3]

「ムダ毛を適切に処理しておかないと（とくに恋愛などの）対人関係において失敗して後悔することになるから脱毛すべき」というメッセージの圧が強まるのが、「ＶＩＯ脱毛（性器や肛門周辺の陰毛の脱毛）」の広告です。ＶＩＯ脱毛をすると生理の時に快適に過ごせるとか、水着や下着を着た時に陰毛がはみ出ないなどの利点を打ち出すほかに、主に四十代から五十代をターゲット層とする文脈では「介護脱毛」とも称され、将来的に介護を受ける身になり下の世話をされることを想定した上で、陰部を清潔に保つための準備として需要者を増やしています。このように、幼い子どもから初老の大人まで幅広い年齢層をターゲットとして脱毛産業が急速に市場拡大している背景には、「ムダ毛のない美しい肌を手に入れること」が、自らの身体に対する愛着を高めるための手段としてだけではなく、他者からの視線や言動によって生じるコンプレックスを解消し、他者に迷惑をかけない・受け入れられるための手段、強力な身体規範として、推奨されているという現状があります。

「私らしい」表現とボディ・ポジティブ、ガール・パワーの変節

このように脱毛産業は体毛に関わるコンプレックスを執拗に煽って需要を作り出すことで、マーケットを拡大し、成長を遂げてきました。先に分析したリゼクリニックの車内広

告「どんな美人も、3日で生える。」〔図2〕が、白人女性を理想像として扱うコンプレックス煽り型の脱毛広告の典型例だとするならば、もう一方には肌が綺麗になると自信が持てる、前向きになれるといった能動的でポジティブな言葉を用いて誘導する広告があります。二〇一〇年代末以降、このような「脱毛して綺麗になって自信を持とう」というメッセージを強く印象づけているのが、二〇一八年に脱毛クリニックKIREIMO（キレイモ）のイメージキャラクターに起用された渡辺直美（一九八七－）です。お笑い芸人、俳優として活躍する渡辺直美は、その明るいキャラクターとふくよかな体型、ビヨンセのモノマネパフォーマンスなどを通して二〇一〇年代前半から人気を博し、日本一のフォロワー数を誇るインスタグラマーとしての発信力を持ち、二〇一〇年代後半以降さまざまな企業広告に起用されてきました。派手で奇抜なメイクとヘアスタイル、鮮やかな髪色のウィッグを使ってカメレオンのように変身する渡辺は、スキンケアやメイク術を紹介する動画でも人気を博し、キレイモへの起用と同年にコスメブランドのシュウ ウエムラ（日本ロレアル）のアンバサダーに就任、翌年にはスキンケアブランドのSK－II（P&G）の広告に起用されています。

このような美容関連企業広告への渡辺の起用の背景のひとつとして、二〇一〇年代初頭からジェンダー、人種、障害、体型にかかわらず、あらゆる身体を平等に扱うことを目指す「ボディ・ポジティブ」の運動が世界規模で展開してきたことがあります。ファッション業界では、それまで主流とされてきたスレンダーなモデルの体型と比較してふくよかな体型の「プラスサイズモデル」の女性たちが先導役となり、ソーシャルメディアを通して活発に発言や画像・動画投稿をしたり（二〇一四年にアメリカのモデルのテス・ホリディら三人が、ビヨンセの「Flawless」（二〇一三）に合わせたリップシンクのパフォーマンス

#everyBODYisflawless の動画が知られています）、二〇一六年にアシュリー・グラハム（一九八七－）が『Sports Illustrated』誌の水着特集号の表紙を飾ったりして話題を集めました。二〇一四年には、アパレルブランドのアメリカンイーグルが、Aerie（エアリー）という下着の広告で、着用するモデルにフォトショップで修正を加えないことを明言したキャンペーンを展開し、アメリカのシンガー・ソングライターであるメーガン・トレイナーがヒット曲「All About That Bass」（邦題は『オール・アバウト・ザット・ベース～わたしのぽちゃティブ宣言！』）で、「雑誌の写真はフォトショップで加工されている」、「美しいんだったら、ありのままを出そう、だってあなたのどの部分も完璧だよ」と歌い、自分の体を愛するようにメッセージを投げかけています。このような、スレンダーな体型を至上とみなす価値観や、写真を加工してモデルの容姿を現実とは違う様相に変えてしまうメディアや広告に対する見直しは、消費者の広告に対するソーシャルメディア上でのリアクションを通して行われるようにもなりました。

二〇一五年にはイギリスで、公共交通機関に掲出されたダイエット用サプリメント「Protein World」の広告「Are You Beach Body Ready?」（ビキニを着たスレンダーな体型の女性の写真に「ビーチに出る体の準備はできてる？」というキャッチコピーが添えられていました）に対して、「痩せすぎている」、「性差別的」、「ボディ・シェイミングだ」「飢え死にさせないで」といった落書きがなされた上で、撮影した写真を広告に対する抗議としてTwitter に投稿する動きが相次ぎました〔図3－1〕。このようなTwitter 上での動向と大きな反響が、広告の撤去を求めるネット上の署名活動に発展したことを受けて英国広告基準局（ASA）が調査を行うまでに至り、さまざまなメディアで取り上げられました。[4] さらに、この広告の炎上に便乗するようにして、下着や水着を着たさまざまな体型の女性た

〔図 3-1〕ダイエット用サプリメント Protein World の広告。「ARE YOU BEACH BODY READY?」というキャッチコピーの下に "Stop encouraging women to starve themselves"（女性を飢え死にさせないで）と書き込まれている。

ちの写真を「Every Body is Ready〔どんな体でも〔誰でも〕大丈夫〕」といったキャッチコピーを組み合わせてパロディ表現として応答するキャンペーンを展開する企業も現れました〔図3－2〕。

　このようなファッション、エンターテイメント産業での展開や美容関連用品の広告に対する反応は、第四波フェミニズムの流れや#MeToo運動の展開とも結びつくようにして、女性たちに押しつけられてきた既存の美しさの基準や社会の中のジェンダー構造、性差別や人種差別、年齢差別といった差別意識を見直し、是正する機運に繋がっていきます。二〇一五年の国連サミットでのSDGs（持続可能な開発目標）の採択を受けて、美容産業企業の広告や広報活動の中に、目標のひとつである「ジェンダー平等の実現」への貢献が打ち出されることが増えていきました。渡辺直美のキレイモの広告への起用は、このような世界規模の潮流の上に位置づけられるものであり、二〇一八年のキャンペーン「KIREIMO 100% GIRLS!! PROJECT」の新聞広告では、キレイモを運営する株式会社ヴィエリス最高業務執行責任者（COO）の佐伯真唯子（二〇二一年退任）とともに紙面に登場しています。佐伯の写真には、日本の女性解放運動の先駆者である平塚らいてうが雑誌『青鞜』創刊号（一九一一）に寄せた発刊の辞「元始、女性は太陽であった」をもじった「女の子は、太陽だ。」というキャッチコピーが重ねられ、企業活動を通して「ジェンダー平等の実現」と女性の活躍への貢献を表明しています〔図4〕。同年放映のCMでは渡辺がリーダー役として揃いのTシャツとピンクのホットパンツを身につけた女性たち百人のグループ「KIREIMO 100% GIRLS!!」を先導して乱舞する様子が捉えられています。[5]

　脱毛サロンのミュゼプラチナムの「GIRLS POWER　女子に、ちからを。」（二〇一七）もまた「KIREIMO 100% GIRLS!! PROJECT」と同様に、「girls」や「power」という言

〔図 3-2〕Protein World の広告のパロディ表現として応答する Dove のキャンペーン（2015 年）

葉を用いて、「女性の力」を謳う表現を盛り込んでいます〔図5〕。「ミュゼは、たくさんの女の子たちにもっと手軽にキレイになってほしい。すべてはそこから生まれるパワーのために」とあるように、「脱毛＝女性に力を与える手段」という図式の中に「女性の力」が言い表されています。ここで注目すべきは、「girls power」が一九九〇年代にフェミニズムの文脈で登場し、「少女と若い女性の自己主張、野心、自立的態度」と定義づけられた元来の「girl power」とは異なり、「girls」として複数・集団化されていることです。ミュゼプラチナムの広告では、このように和製英語化された「girls power」が、それ以前より広く膾炙《かいしゃ》していた「女子力」（女性に求められる規範的な容姿や振る舞いを能力として捉え、それらが高低差によって測定・評価可能とする表現）という言葉を、英語で言い換えたものとして読み取られるような文脈が作られています。[6]

「KIREIMO 100% GIRLS!! PROJECT」の企業広告〔図4〕は「女の子は、太陽だ。」と宣言し、若い女性を鼓舞しエンパワメントすることをミッションとして掲げていますが、文言の中にミュゼプラチナムと同様に、脱毛が「前向きなパワーを生み出す」とあるように、エンパワメントが「本来個人が備えている潜在的な力を引き出し、自信を持たせること」ではなく「能力強化」を目指すような言葉として理解され、和製英語の「girls power」が、あたかも「女子力を高める」手段の中に位置づけられるかのように変節しています。二〇一九年には、キレイモは「KIREIMO 100% GIRLS!! PROJECT」の続編として「ワタシ史上、最高のワタシへ」、二〇一九年末から二〇二〇年にかけては「キレイは、強い。」というキャッチコピーでキャンペーンを展開します。世界規模で展開するボディ・ポジティブの流れで注目されてきた渡辺直美の起用は、コンプレックスを煽るのではなく、脱毛が「ワタシ」の「キレイ」を積極的に追求する手段として読み取られるように、表現

〔図4〕（右）「KIREIMO 100% GIRLS!! PROJECT」の新聞広告（2018年）
〔図5〕（左）ミュゼプラチナム　「GIRLS POWER　女子に、ちからを。」（2017年）

の仕方と力点を変える広告戦略に適っていたと言えるでしょう。

五輪広告とSDGs広告における「多様性」表現の捻れ

東京五輪の当初の開催予定を目前に控えた二〇一九年から二〇二〇年にかけて発表された広告には、このように「ワタシ」、「私」、「自分」という言葉を用いて、また「私らしさ」や「自分らしさ」という言葉を頻用することで女性の自意識や自発的な意志を強調し、強さと美しさを結びつける表現が目立つようになり、東京五輪スポンサー企業の広告に女性のアスリートが起用される機会が増えていきました。美容関連のCM及び関連するキャンペーンの中でも、エステティックTBCは脱毛広告を通して、東京五輪との結びつきを最も強く印象づけています。[7] モデルのローラ（一九九〇－）は、二〇一三年から同社のイメージキャラクターを務めています。「私の道は、私がひらく。」（二〇一九－二〇二〇）では黒いワークアウトウェアを身につけてスポーツジムでトレーニングに勤しむ姿で（図6－1）、「ゴールがあるから、美しい。」（二〇二〇）では白いセパレートのスポーツウェアに長い腰布をつけた衣装を着てゴールに向かって走り、赤いゴールテープを切る姿で登場し、アスリートと勝利の女神という東京五輪に直結するふたつの役割を演じています（図6－2）。

これらの広告と同時期に並行して展開されたメンズエステティックMEN'S TBCの脱毛広告では、ローラは黒いスーツの男装姿で男性モデルとともに登場しています。第一弾のキャンペーン「男の肌は強いって思ってない？　脱毛は、スキンケアのひとつです。」において、ローラは正面を向いて挑むような鋭い視線を向け、男性に対してスキンケアに

〔図6-1〕（右）エステティックTBC「私の道は、私がひらく。」JR新宿駅西口（2020年1月）
〔図6-2〕（左）エステティックTBC「ゴールがあるから、美しい。」（2021年2月）

対する自覚と自己管理を促しています。ローラの傍に佇む男性は、鼻の下と顎の髭に視線を誘導するために目から上の方は画面から切り取られていて、誰であるかを特定されない状態で、マネキンのような存在として扱われています。二〇二一年の続編キャンペーンでは、ボクシング選手の井上尚弥（一九九三－）がイメージキャラクターに起用され、逞しい上半身の肌を晒してファイティングポーズを構えた姿やスーツ姿で登場しています。連続するキャンペーンの中で、「男の肌は強いって思ってない？」というキャッチコピー〔図7－1〕は「男は肌も強いって思ってる？」〔図7－2〕へと微調整を加えて改変され、男性にスキンケアに対する自覚を促す文意から、「男は強い」ことを前提とした上で、スポーツジムで体を鍛え脱毛に取り組むように促す強圧的なものになっています。スーツ姿、ボクサーの鍛え上げられた身体、引き締まった真剣な表情、さらには「強い」という直裁な言葉を使うことで、MEN'S TBC の広告は「男らしさ」という規範的な価値観を言葉としても視覚表現としても強調し、スキンケアを身体の労わりや保護といった本来の意味での「ケア」としてよりも、自己管理、鍛錬としての性格を持つものとして表しています。

　エステティックTBCとMEN'S TBC の脱毛広告は、車内で個別に掲出されるだけではなく、駅構内の壁面に大型広告として併置されるケースも多く見られます。赤い背景と黒い背景の画面、女性（ローラ）と男性（井上尚弥）が対になることで、男女のコントラストを強調し、性別二元論的なジェンダー観を反映した広告が公共空間の中で繰り返され、ジェンダー認識を強固に規定しています〔図8〕。

　これまで見てきたように、脱毛広告は女性が他者からの視線に晒され、容姿を評価され、選別される存在とした上で、コンプレックスを煽る表現を用いるにせよ、「キレイになることで自信がつき、私らしくいられる」というポジティブで能動的な態度を強調する表現

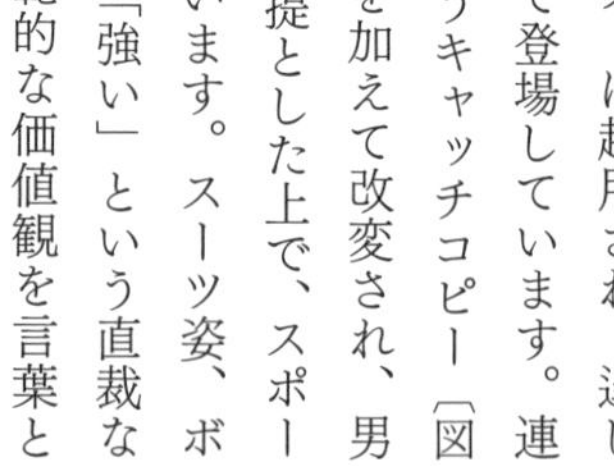

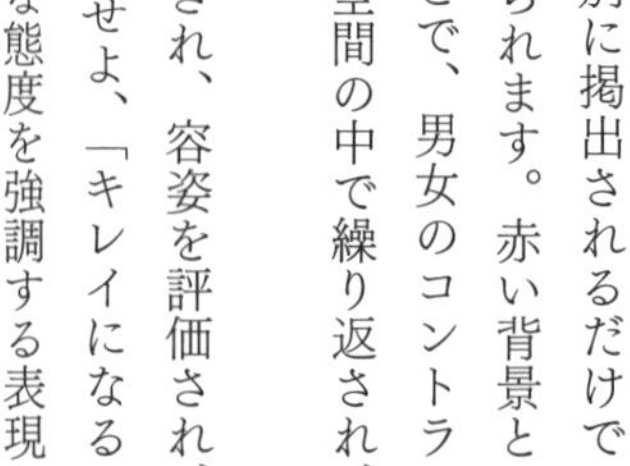

〔図 7-1〕（右）MEN'S TBC「男の肌は強いって思ってない？」（2019 年）
〔図 7-2〕（左）「男は肌も強いって思ってる？」（2021 年）

を用いるにせよ、「ムダ毛を除去すること＝美しい肌を手に入れること」という図式と「脱毛一択」の価値観を揺るぎないものとして位置づけています。さらに、近年急増している男性向けの脱毛広告が、鍛え上げられた身体やスーツ姿の男性像を用いて、男らしさや社会的地位をステレオタイプ的な方法で表現していることは、脱毛・美容産業において因習的なジェンダー観が根強く残っていることの証左と言えるでしょう。二〇一〇年代末は、東京五輪開催に向けたボランティア募集の広報や、五輪スポンサー企業のキャンペーンが加速的に増加していく過程は、このような脱毛広告の展開とも軌道を重ねていきます。

東京五輪のヴィジョンとして掲げられた「ジェンダー平等・多様性と調和の推進」は、SDGsの目標のひとつである「ジェンダー平等の実現」に重なり、五輪スポンサー企業の広告にもそのメッセージは打ち出されますが、あくまでも五輪開催に向けたプロパガンダに奉仕するものとして位置づけられて表現されます。「ジェンダー平等・多様性」を謳いつつも、規範性を前提としていて、脱毛広告でも見られる因習的なジェンダー観から脱却することができない状況は、広告の中で「多様性」表現の捻れとして表れています。また、二〇二〇年に全世界がコロナ禍に巻き込まれ、混乱状態で五輪の開催が延期される中で、広告の中に登場する女性のアスリートに対しては、その美しさと強さによって、困難に打ち勝ち、閉塞感を打ち破る存在として、過度な期待が託されるようになります。そのことを如実に示すのが、五輪スポンサー企業の中でも最も影響力のあるワールド・ワイド・パートナーのP&G（プロクター・アンド・ギャンブル）が手がけた数々のキャンペーンです。数あるP&Gのブランドの中でも、ヘアケア製品ブランドのパンテーン（PANTENE）と基礎化粧品ブランドのSK－IIの広告を、SDGsへの取り組みと五輪キャンペーンとの関わりという観点から読み解いていきましょう。

〔図8〕エステティックTBCとMEN'S TBCの大型広告
池袋駅プラットフォーム（2021年7月）

パンテーンは、二〇一八年から「さあこの髪で行こう。#HairWeGo」をキーコンセプトとして、頭髪に対する既存の価値観や社会的な規範を問い直すキャンペーンを展開しています。「#令和の就活ヘアをもっと自由に」と「#1000人の就活生のホンネ」(二〇一九)では、就職活動や内定式のような場面で「社会人に相応しい」とされる髪型、髪色の規範に対して、「#この髪どうしてダメですか」(二〇一九)では、中高生に髪色や髪質についての「地毛証明書」の提出を義務づける校則のあり方に対して異議を呈し、ルールの見直しを促しています。「この髪が私です。#PrideHair」(二〇二〇)では、トランスジェンダーの元就活生が語る体験談とLGBTQ+の可視化を通して、自分らしさを表現できる就職活動を訴え、企業としてダイバーシティ&インクルージョン(D&I=多様性の受容と活用)に取り組んでいることを表明しています〔図9〕。就職活動における暗黙のルールや中学・高等学校の校則に対する見直し、LGBTQ+の可視化と多様性の包摂を謳うSDGsの文脈に沿った広告表現の刷新は、それ以前の広告表現と比較すると、ブランドと商品の宣伝に留まらず、企業全体として社会の課題に取り組む意欲的な姿勢を印象づけるものです。

このような刷新以前の広告の例としては、「女優の綾瀬はるかと現役女子中学生が髪の美しさを競う」という設定の「バージンヘア対決!」(二〇一六)が挙げられます〔図10-1〕。カラーリングやパーマなどの加工が施されていない頭髪を「バージンヘア」と名づけて、それを「現役女子中学生」によって表象し、若さと処女性を至上とする価値観に基づいてヘアケア製品を宣伝する手法は、性差別的と咎められるべきものです(「バージン」には童貞の意味もありますが、同じキャッチコピーを用いて同じ世代の男性を起用することはあり得ないでしょう)。「バージンヘア対決!」と比較すれば、二〇一八年以降に展開したキャンペー

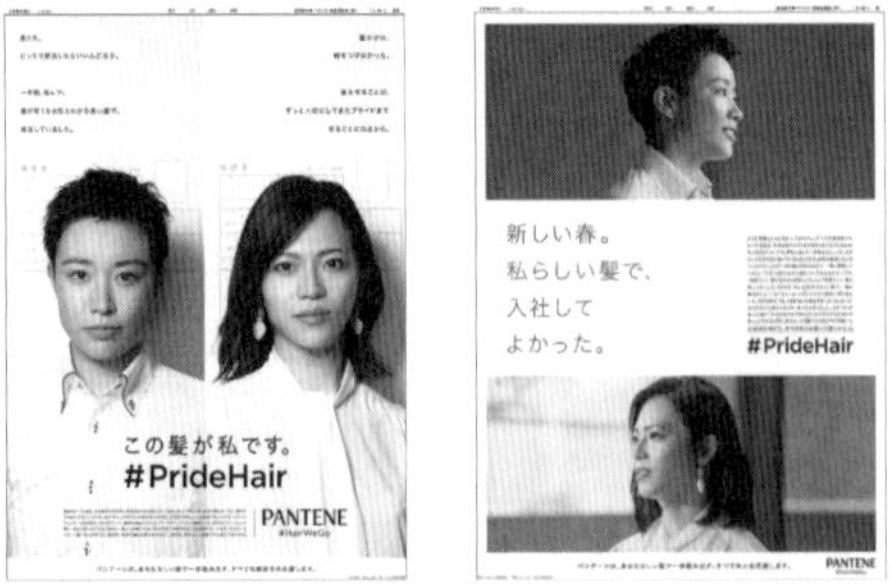

〔図9〕パンテーン「この髪が私です。#PrideHair」新聞広告(2020年)

ンがパンテーンのブランドイメージの向上に寄与したことも理解できます。しかし、キャンペーンを通じて頭髪を巡るジェンダー観や社会的規範に対する見直しが図られてきたとは言え、美しい髪を視覚的に表現するために「黒いストレートヘアの若い女性像」が依然として多用されていることを鑑みれば、頭髪を表現するキャッチコピーが「バージンヘア」から「#PrideHair」と文言が変わったとしても、美しさの基準や規範的な価値観を根本的に見直すことや、キャンペーンで謳われている「多様性」を受容し、表現することが一朝一夕のうちに内実を伴うものになるのは容易ではないことがわかります〔図10－2〕。また、キャンペーンを通して可視化されているＬＧＢＴＱ＋の存在（パンテーンミセラーのＣＭではトランスジェンダーの俳優、イシヅカユウが起用されました）も、企業がＳＤＧｓに取り組む姿勢を示すためのひとつの要素として利用されていること、校則や就職活動、内定式などで強要されているルール、規範の一部を見直す方法として「多様性」を持ち出すことが、消費者に受け入れられやすい「多様性表現」であるという認識があり、広告制作の中での「多様性」という言葉の解釈が限定的であることも否めません。

ＳＫ－Ⅱは、東京２０２０オリンピック公式スキンケアブランドとして、動画広告や、公共空間の広告など多方面で大々的にキャンペーンを展開して注目を集めました。ＳＫ－Ⅱが二〇二〇年二月に開始したキャンペーン「#NOCOMPETITION 美は#競争ではない」〔図11〕では、世界的に活躍する六組のアスリート（シモーネ・バイルズ＝新体操、石川佳純＝卓球、髙橋礼華と松友美佐紀＝バトミントン女子ダブルス、前田マヒナ＝サーフィン、リウ・シアン＝競泳、火の鳥NIPPON＝バレーボール日本女子代表）が起用され、「ナンセンスな「美の競争」からの解放」を訴え、「「競争」の先にある美しさを見出すこと」が謳われました。コロナ禍による東京五輪開催延期を経て、二〇二一年五月には SK-II STUDIO の新作「V

〔図 10-1〕（右）パンテーン CM「バージンヘア対決！」篇（2016 年）
〔図 10-2〕（左）イシヅカユウを起用したパンテーンミセラーの CM（2021 年）

S」シリーズとして、彼女たちの実体験をもとに、さまざまなプレッシャーに立ち向かい、自らの手で運命を切り拓いていく姿を描いた全六篇のアニメーション作品が公開されています。この「VS」シリーズは「#CHANGEDESTINY～運命を、変えよう。」というブランドテーマのもとに二〇一五年から展開されてきた映像キャンペーンの中に位置づけられるものであり、東京五輪関連の一連のキャンペーンを通して「女神化」されたのが競泳選手の池江璃花子です。

周知のように、池江は東京五輪での活躍が期待されていた中で二〇一九年二月に体調を崩して白血病と診断されて入院し、十二月に退院した際には二〇二四年のパリ五輪を目指すことを直筆のメッセージで公表しています。翌年三月には練習を再開し、五月にSK－IIの #CHANGEDESTINY キャンペーンの一環として、闘病生活で筋肉が落ちてほっそりとした肢体のタンクトップ姿、抗がん剤治療により頭髪が抜けた後の坊主頭に近いヘアスタイルでのポートレート写真と動画「This Is Me」を公開しました。七月二十三日に配信された東京2020組織委員会制作の映像「一年後へ。一歩進む。～＋1メッセージ～「TOKYO2020」では、池江は国立競技場で白い衣裳を纏った姿でランタンを捧げ持って五輪開催を祈念し、翌日の各紙朝刊には池江と国立競技場の写真、及び五輪スポンサー企業のロゴが並ぶ全面広告が掲載されました〔図12〕。

池江が競技活動に復帰した後、二〇二一年三月二十九日には #CHANGEDESTINY として闘病中の記録映像や練習の様子、インタビュー、アニメーションを織り交ぜたショートムービー「センターレーン」（監督：是枝裕和）が公開され、四月四日に東京五輪代表の決定が発表されています〔図13〕。このように、二〇一九年から二一年にかけて池江が歩んだ道筋は、闘病から驚異的な速さでの快復・競技への復帰、五輪出場に至るまで報道を

〔図11〕SK-Ⅱキャンペーン「BEAUTY IS #NOCOMPETITION 美は＃競争ではない」（2020年）

通して逐一取り上げられ、広告としてコンテンツ化されました。五輪スポンサー企業によって、コロナ禍で疲弊した国民に勇気を与える感動的なストーリーのヒロインに仕立て上げられた池江は、その容姿や徐々に伸びていく髪型の変化までもが写真や映像を通して伝えられ、日本社会の回復と再起を象徴する女神として、過剰な希望や願いを託されました。[9]

#CHANGEDESTINY の「VS」シリーズが、実写ではなくアニメーションで六組の女性アスリートたちの奮闘を描いたことからも明らかなように、一連のキャンペーンは、彼女たちそれぞれの存在や経験、主張を直裁に伝えるのではなく、ドラマティックな脚色を施した上で困難に立ち向かう女性たちのストーリーを類型化して表現するものです。「運命を、変えよう。」というフレーズのもとで、国際的に活躍するトップアスリートという選別された女性たちが克己心と能力によって、あらゆる困難を乗り越える様子をドラマのように描くことは、女性たちをエンパワメントするというよりも、能力を強化し、成果を出すことを強制する圧を帯びた表現とは言えないでしょうか。著名な女性アスリートを総動員したＳＫ－Ⅱによる五輪関連のキャンペーンの視覚・言語表現には、「GIRLS POWER 女子に、力を。」、「私の道は、私がひらく。」、「キレイは、強い。」、といったキャッチコピーが添えられ、交通機関に掲出されてきた脱毛広告の表現に直結しています。首都圏の交通機関を塗り込めたツルツルスベスベの美しい肌への憧れを喚起する広告が、あからさまな形でオリンピック遂行のプロパガンダへと結びついていったこと、その中で女性たちが「女神化」されて利用されたことは、記憶に留められるべきことでしょう。

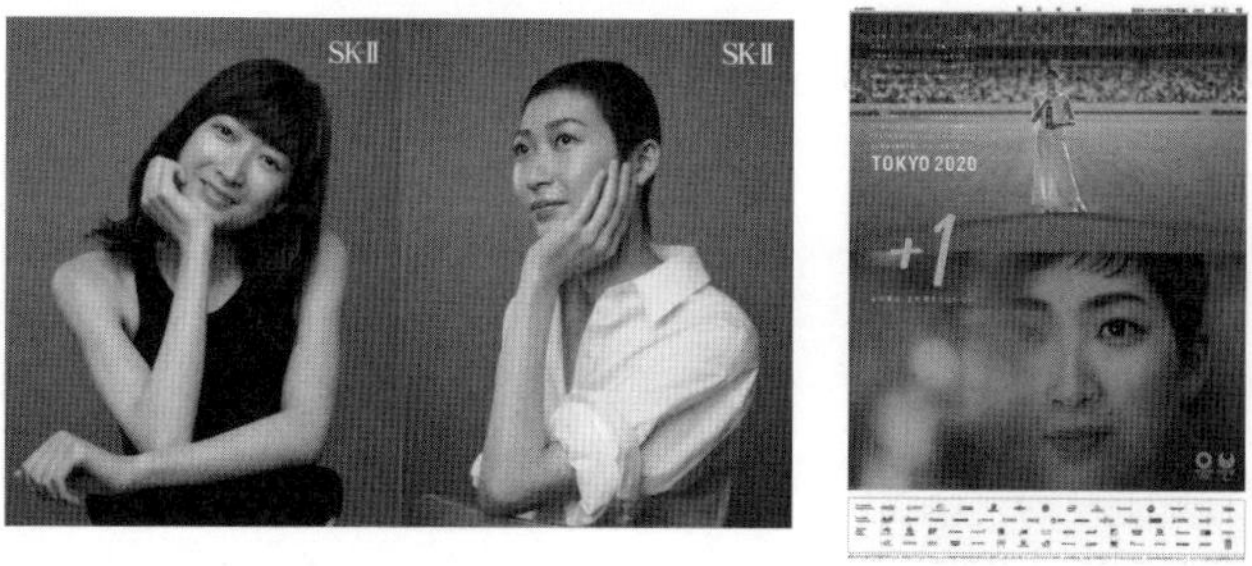

〔図 12〕SK- Ⅱキャンペーン「This Is Me」と「東京 2020 ＋ 1　その炎はまだ消えてはいない」新聞広告（2020 年）

コロナ禍を経る脱毛広告

脱毛広告が強固に推し進めてきた「脱毛一択」という価値観と、性別二元論的なジェンダー規範のあり方に対して問いを投げかけ、剃毛や脱毛に関する価値観の多様性を表現した広告として話題になったのが、二〇二〇年八月に公開された刃物メーカー貝印のキャンペーン「ムダかどうかは、自分で決める。」〔図14〕です。[10] ＣＧで作られたたバーチャルヒューマン「MEME（メメ）」がノースリーブで両腕を上げて脇毛を晒し、「ムダ毛を気にしない女の子もカッコいいし、ツルツルな男の子もステキだと思う。ファッションも生き方も好きに選べる私たちは、毛の剃り方だってもっと自由でいい。」と提案し、車内広告のほかにSHIBUYA109のビッグボードにも掲出され注目を集めました。「MEME」の頭髪は根元が茶色く染めムラのあるオレンジ色で、顔にはソバカスやシミもあり、通常の広告に登場することのない「完璧ではない・瑕疵のある容姿」が人為的に作り出されています。「MEME」というジェンダーや年齢も架空のキャラクターだからこそ、容姿にまつわる表明することのできない本音を代弁させることができる（実在の人物を起用すると、その人物への批判やネット上での炎上を引き起こしかねない）という着想は、広告表現がさまざまな制約の上に成り立っていること、起用されるタレントやモデルの容姿が、広告の用途によって切り取られ、表層的に商品として扱われていることを示唆すると同時に、広告表現においては、脱毛に対する批判自体を、生身の人物を通して行うことが困難であることも露呈させています。

貝印の広告が公開されたのは、コロナ禍の緊急事態宣言発令期間の後で、クリニックやサロンに予約を取って施術を受けることが困難であったり、避けられたりするような状況

〔図13〕SK-Ⅱ STUDIO ショートムービー「センターレーン」（監督：是枝裕和）新聞広告（2021年）

が続き、リモートワークの導入と定着により就労環境が大きく変わり、人との距離や接し方が変わっていった時期に重なります。コロナ禍で混迷状況が続き、東京五輪期間中は先にも述べたように「強さ」と「美しさ」を結びつける表現が見られたものの、五輪後は、「わたし」という言葉を用いながらも、励ましを与えたり、自己啓発的な文言を用いたりする広告が目立つようになりました。たとえば、エステティックTBCのキャンペーン「肌は、わたしを幸せにすることができる。」（二〇二一）や「磨こう。ひとは美しく生まれてる。」（二〇二一）、アリシアクリニックの「七転百起　私たちは、何度だって立ち上がるのだ。」（二〇二一）や「ワタシがすき。セカイがすき。」（二〇二一－二二）に見られるように、他者からの目線を意識するよりも、自分自身の健やかさや幸せを求める中に美しい肌を追求することを位置づける表現に変わってきています。また、コロナ禍の巣籠もり需要として家庭用脱毛器が売り上げを伸ばし、自宅で効果的に脱毛することができるようになったり、オンラインでカウンセリングなどのサポートを受けつつ、自宅での脱毛とクリニックでの施術を組み合わせたり（ミュゼクリニックの「オンライン脱毛」）、施設で脱毛器を自分で操作する「セルフ脱毛」など、脱毛産業のあり方も変化しつつあります。このような脱毛産業形態の多様化に伴って進行しているのが、サービス受容者の低年齢化で、二〇二二年に成年年齢が一八歳に引き下げられたことにより、脱毛エステに関連する一八歳、十九歳の消費者トラブルが増えているということにも注意しておくべきでしょう。[11]

　これまでにジェンダーや人種、身体規範という観点から公共空間の脱毛広告やヘアケア製品の広告を、写真や映像による視覚表現やキャッチコピーなどの文言の表現に照らし合わせながら分析してきました。取り上げてきた事例からも明らかなように、二〇一〇年代

〔図14〕貝印「ムダかどうかは、自分で決める。」（2020年）

後半以降の広告は、国連でのSDGsの採択やボディ・ポジティブ運動、同性婚の権利を求める運動に代表されるLGBTQ＋を取り巻く社会的状況の変化を反映し、ジェンダーや人種、体型、体毛、頭髪に関わる社会的・審美的な規範を見直す機運は高まっています。その一方で、フェミニズムの中から生まれた女性の自発性や主体性を主張する「girl power（ガール・パワー）」という言葉が、女性に求められる規範的な容姿や振る舞いを評価する「女子力」という言葉に近づけるかのように、「girls power（ガールズ・パワー）」と和製英語化への変節を経て、フェミニズムを表層的に装う文言が美容産業広告の中でキャッチコピーとして用いられていることがわかりました。また、容姿に対するコンプレックスを煽る表現の中には白人偏重の人種意識が根強く残っている現状があります。

近年のパンテーンの広告の変化について見てきたように、キャッチコピーの文言や視覚的な表現が多少は変わったとしても、サラサラのストレートヘアの若い女性のイメージが繰り返し用いられることに変わりはなく、美的な規範を根本的から見直すような表現とはなり得てはいません。SDGsのアジェンダにある「ダイバーシティ&インクルージョン（多様性と包摂）」がしばしば「多様性の受容と活用」と言い表されるように、多数派が少数派を「受容し活用する」という構図と不均衡な力関係は広告表現の中に温存され、LGBTQ＋の存在も都合よく「活用」されていることは否めません。

また、プラスサイズモデルたちが活躍し、従来の「普通のサイズ」を見直して、これまで社会の中で押しつけられてきたコンプレックスこそが個性であり、多様にある美しさのひとつであると称揚して肯定するボディ・ポジティブの運動もまた、ルッキズム（外見重視主義）という社会問題を「コンプレックスを抱く」という個人の心理状態、気の持ちようの範疇に押し込めてしまう側面もあります。美容産業が、どれだけ広告の中で多様性を謳ったとしても、ルッキズムのルールにジェンダーや体型にまつわる価値観が、オプション項目を追加するように改定が加えられただけで、外見を重視する構造自体は変わりません。美容産業が作り出す表象がルッキズムに加担しない方法を開拓することはやはり困難と言わざるを得ないでしょう。

二〇一〇年代後半以降、SDGsが掲げるスローガンのもとで、多様性を称揚する機運が高まる一方で、「美しさ」と「強さ」を結びつけた表現が美容関連の広告に浸透する最中（先述したように、その過程には東京五輪関連のキャンペーンが深く関わっています）に、コロナ禍が全世界を覆いました。長引くパンデミックを経る過程で、誰もがマスクで顔面の大半を覆う生活を強いられ、他者との対面を妨げられ、自分自身の容姿がどのように他者に働きかけ得るのかを摑み難くなることを経験してきました。その中で、脱毛広告の中には、美しい肌を追求することを、自分自身の健やかさや幸せに結びつける表現も現れていますが、依然としてルッキズムを強化する脱毛・美容広告が際限なく生み出されています。これらの広告のメッセージがちぐはぐで欺瞞に満ちたものであることをその表現の構造も含めて確認し、まずは自分自身に対する、ひいては他者へのケア（労り）の方法を模索することが肝要とは言えないでしょうか。

註

1　この広告の表現の趣旨と引き起こした反響については、リゼクリニックの広告を手がける広告代理店・制作会社を紹介する連載記事 CREATIVE RELAY として発表された以下の記事を参照。「ムダ毛に悩まされ続ける女性の心情を描いたインパクトある表現」『ブレーン』（宣伝会議、二〇一九年十月号、五四－五五頁）

2　磯野真穂「髪は生やして、手足は脱毛？——けむくじゃらの人類学」（『エトセトラ』VOL．3「特集：私の 私による 私のための身体」、四四－四七頁）の冒頭で、Instagramのストーリー広告で表示される就活中の女性に向けられる脱毛広告の脅迫的なメッセージについて触れられています。コンプレックスを煽る車内広告やCMとして展開していた表現の事例に、二〇一七年のアリシアクリニックの広告（イメージタレントに神田沙也加を起用）が挙げられます。電車内での人からの視線や、入社式の場面が描かれ、女性が日常生活のさまざまな局面で見られる対象であること、身だしなみで人格や社会的資質を判断されることを強く示唆しています。

3　キッズ脱毛を施術する脱毛サロンの代表例として、エステティックTBCが提供するエピレ（epiller）が知られており、利用者が急増しています。PR Times「10年で約55倍*！エピレのキッズ脱毛増加中」
https://prtimes.jp/main/html/rd/p/000000102.000005300.html
私見の限りではエピレのキッズ脱毛が車内広告として掲出されていたのは二〇二〇年の春で、コロナ禍に入ってからは車内広告としては展開していません。

4　Are you beach body ready? Controversial weight loss ad sparks varied reactions
https://www.theguardian.com/us-news/2015/jun/27/beach-body-ready-america-weight-loss-ad-instagram
この広告は、イギリスでは掲出禁止になりましたが、アメリカでは禁止されませんでした。

5　CM『KIREIMO 100% GIRLS!! PROJECT』30秒版 https://www.youtube.com/watch?v=CbZXqo6YbMM
100人の女性は、ミュゼの各店舗で脱毛施術を受けた女性たちと四人のモデル（堀田茜、八木アリサ、Niki、藤井サチ）であり、モデルたちの「美脚競演」と謳われています。女性たちのパンクバンドのライブを思わせる演出が行われ、一九九〇年代初頭にアメリカで展開したライオット・ガール（Riot grrrl、フェミニストによるアンダーグラウンドなパンクミュージックの流行、音楽とフェミニズム、政治を組み合わせたサブカルチャー運動）

を剽窃したものとも読み取れます。

6　株式会社ミルボン（美容室向けヘア化粧品の日本最大手）が二〇一九年に展開したキャンペーン「MILBON ICONIC GIRL」でも「GIRLS POWER」がテーマとして掲げられ、広告では「「女子力」って何だろう。」という見出しを掲げて「GIRLS POWER」を説明しています。

7　エステティックTBCは二〇〇八年開催の北京五輪でJOC（日本オリンピック委員会）とオフィシャルパートナー契約を結び、その後五輪アスリートをキャンペーンに起用したり、選手とパートナーシップ契約を結んだりしています。

8　#HairWeGo のキャンペーンでは、生まれたままの髪の個性を生かしている人として、グレイヘアでメディアに登場するアナウンサーの近藤サト、生まれつきの白い肌や髪を特徴とする「眼皮膚白皮症（通称アルビノ）」の当事者である神原由佳を起用しています。

9　#changedestiny のキャンペーンが、規範への「抵抗」を表現する広告として女性のエンパワメントを謳う側面を持ちつつ、「商品化されたフェミニズム」の現れという側面を持つことは既に指摘されています。東京五輪キャンペーンにおける女性表象がこのような側面を鮮明な形で表していたことは強調しておくべきでしょう。上村陽子、「広告の〝もうひとつ〟の光景」、田中東子編著『ガールズ・メディア・スタディーズ』二六−二七頁（北樹出版、二〇二一年）

10　「#剃るに自由を」は、第74回広告電通賞の「SDGs特別賞」を受賞しました。「#剃るに自由を」貝印のバーチャルヒューマンの広告が問う、〝体毛に縛られない〟生き方
https://www.huffingtonpost.jp/entry/story_jp_5f3f3213c5b6763e5dc1267b
「MEME」の起用は、「リアルなコミュニケーションを手助けする象徴」と言い表されています。「コミュニケーションの可能性を広げるバーチャルヒューマン」（『ブレーン』宣伝会議、二〇二〇年十一月号、四二−四三頁）

11　独立行政法人国民生活センター（報道発表資料）「成年年齢引下げ後の18歳・19歳の消費者トラブルの状況」
https://www.kokusen.go.jp/pdf/n-20221130_1.pdf

4

「デキる男」像の呪縛を解くために

男性脱毛広告と「デキる男」像

3章では、脱毛・美容広告の女性表象を中心に観察・分析をしてきましたが、観察する過程で女性と対になる形で提示される男性の身体表象に対する関心が湧いてきました。二〇一〇年代末以降に増加していった男性向けの脱毛広告の例として、「男らしさ」をキャッチコピーやビジュアルで強く打ち出したエステティックTBCの男性向けサロン、MEN'S TBC の広告については3章で既に触れていますが、他社の広告を調べるうちに、ビジュアル表現が大きく分けて四つに分類されることがわかりました。

①スーツ姿の男性が顎やネクタイの近くに手をあてたり、腕組をしたりして、髭脱毛をするように指南し、出勤前の身だしなみを整える時間を短縮することができるというメリットをアピールするもの。〔図1－1〕

②白人男性がシックスパックの腹筋を見せながら彫刻のように鍛え上げた肉体美を誇示するもの〔図1－2〕。①でも白人男性が登場するものは多いですが、裸の上半身を晒す表現は圧倒的に白人男性を捉えた写真が多く使われています。

③お笑いタレントを起用して、飲み会や遊びに誘うように一緒に脱毛をしようと呼びかけるもの（MEN'S TBC は二〇二二年からお笑いコンビのサンドウィッチマンを起用しています〔図1－3〕）。①と②では、容姿の整った精悍な男性が選ばれるのに対して、③はどちらかというと親しみを感じさせる容姿、キャラクターの人物を起用することで、見る人にとって「仲間」と感じさせ、脱毛や美容への抵抗感を軽減させる意図を持っています。脱毛広告にお笑いタレントが起用される傾向は、薄毛治療クリニックや育毛剤などの

[図1-1]（右）藤森慎吾をイメージモデルに起用したレジーナクリニック オムの広告（2021 年）
[図1-2]（左）シックスパック腹筋の白人男性画像を使用したウェルネス ビューティー クリニック 名古屋院のホームページのメインビジュアル（2023 年 7 月最終閲覧）

ヘアケア製品の広告にも通じるものがあります。体毛の悩みやコンプレックスを打ち明けて共有できる相手として、親しみやすいキャラクターが求められるということでしょう。

④動物や漫画・アニメのキャラクターを用いて、ワイルドさを表現し、ある種のジョークや笑い、話題性のある要素を取り入れて、注意喚起を促す手法（図1－4）。

これら四つのパターンからいずれの表現を用いるにせよ、男性向け脱毛広告に共通しているのが、テンプレート化したキャッチコピーの中で、髭剃りに要する時間の短縮が仕事上での有能性に結びつけられること、清潔感を保つことが対人関係・異性からの支持を得てモテることに繋がると謳われること、ビジュアル表現に加えて「男」「オトコ」「メンズ」「男前」と、殊更に男性向けであることが言葉として添えられて強調されることです（女性向けの脱毛広告では、画面の中の人物を指して「ワタシ」、「私らしい」、「女子」という表現を用いることはあっても、「女」「オンナ」という文言が並ぶことはありません）。

このように、男性向けの脱毛広告には、脱毛をスキンケアとして身体管理や鍛錬に近いものに位置づけられ、容姿を整える過程の中に、仕事での活躍や出世という文脈を持ち出しながら、白人男性の表象を差し出すことが多いことは強調しておいて良いでしょう。このような人種意識の入り込み方は、スキンケア製品、スポーツジム、転職エージェントなどの広告や、企業のセミナー、ビジネス関係のPR記事に使用されるビジネスシーンの素材写真（スーツ姿の男性たちが握手をしたり、商談をしたりしている場面などが典型例です）にも共通しています。脱毛広告の中で、「デキる男には無駄がない、ムダ毛もない。」といったキャッチコピーが使われますが、ここで言う「デキる男」とは「仕事において有能で、異性愛規範を前提として女性にモテる男性」を意味します。Googleで「デキる男」と画像検索をすると、長身で短髪のスーツを着た白人男性の画像が上位に表示され、成功した

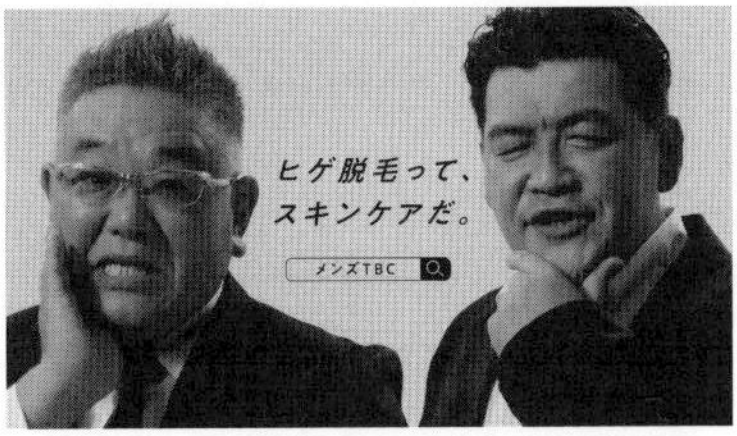

[図 1-3]（右）サンドウィッチマンを起用したメンズ TBC の動画広告（2021 年）
[図 1-4]（左）ゴリラをキャラクターにしているゴリラクリニックの脱毛キャンペーンビジュアル（2023 年 7 月最終閲覧）

男性像のテンプレート表現として広く浸透していることがうかがえます。

　男性脱毛は、このような「デキる男」のイメージを通して推進されてきた側面が強いですが、同時期に世界規模で急増している男性モデルやタレント、歌手を起用したハイブランドのスキンケア製品、化粧品の広告は、美しく装う「美麗な男性」のイメージを全面的に打ち出している点で趣を異にしています。こういった傾向は、化粧水や日焼け止め、BBクリーム、ファンデーションのような男性向け、及びジェンダーを問わないスキンケア商品はもとより、口紅やアイシャドウ、アイライナーのような、従来は女性のモデルが起用されてきたポイントメイク製品の広告で顕著に見られます。これらの広告は、「男らしさ」という因習的なジェンダー規範に囚われることなくメイクを楽しみ、美しさを追求する若年層の男性たちを先進的なマインドを持った消費者像として提示しつつ、男性タレントや歌手のファンをターゲットとして、いわゆる「推し活マーケティング（一押しの人物をさまざまな形で応援したいと願うファン心理に訴求する商品・サービスの宣伝方法）」のひとつとして定着しています。

　このようなマーケティング方法が隆盛する背景には、K－POPアイドルグループの人気や、若い男性同士の恋愛模様を描くBLドラマ・映画の世界的な流行によって韓国や中国、日本、タイ、フィリピンなど東アジア、東南アジア諸国で若年層の男性たちがエンターテインメント産業の中で注目を集めるようになり、彼らの存在を通して「男性の肌の商品化」が推し進められてきた経緯があります。代表的な例として、二〇一九年からK－POPグループ、Wanna One の元メンバーのカン・ダニエル（一九九六－）が Givenchy Beauty の公式アンバサダーを務め〔図2－1〕、二〇二一年には、同じくK－POPグループ、EXO の KAI（一九九四－）が BOBBI BROWN のアジア地域における初の「ブランド

［図 2-1］（右）Givenchy Beauty の広告に起用されたカン・ダニエル（2019 年）
［図 2-2］（左）BOBBI BROWN のブランドミューズに起用された KAI（2021 年）

ミューズ（ブランドを象徴するモデル）」として起用されています[1]〔図2－2〕。

　これらの広告に使用される写真では、ライティングにより滑らかな肌が強調され、首の角度を傾ける、肩を内側に向けて肩幅を抑えて見せる、上目遣い、口元に手を近づけるといった、従来は女性的とされてきたポーズや仕草が取り入れられ、モノトーンやグレーを背景にして端正な容姿と清潔感を印象づけると同時に、消費者を誘惑するような媚態が巧妙に演出されています。

　また、口紅やアイシャドウの広告では、色や質感のバリエーション展開を印象づけるために男性グループアイドルのメンバー全員を起用し、グループのファンが「推しメン」の身につけるアイテムや色を選ぶように誘導するビジュアル展開が行われます。代表的な例としては、超特急のメンバーが登場するM.A.Cの広告〔図3－1〕やChristian DiorのPR、JO1のメンバー十一人が、Yves Saint Laurent Beauté (YSLB)のPRでそれぞれが異なる色の口紅を塗るといった表現〔図3－2〕が挙げられます。肌に直接触れる化粧品の広告は、推しのアイドルと同じものを自分も所有することで、彼らを応援して繋がりたいファンの心理に強い訴求力を持ち、誘惑するような表情や性的な関係を連想させるような演出が施されています。このように、アイドルとファンとの間の「推し」という関係性という観点から「男性もメイクで美しくなれる」というメッセージを発信する広告を読み解くと、それらが因習的な男らしさからの解放を目指し、ジェンダーニュートラル、ジェンダーレスと呼ばれるように二分的な性差の境界をぼかすような側面を含み持つと同時に、「今時の男らしさ」の表現の更新が試みられていること、さらにそこには異性愛的な関係性に根ざした眼差しが強く働いていることが浮かび上がってきます。

　このような「今時の男らしさ」を端的に表現しているのが、CHANEL が初の男性用コ

〔図 3-1〕（右）超特急の草川拓弥を起用した M·A·C × TAKUYA（2018 年）

〔図 3-2〕（左）「YSLB 新作リップ発売キャンペーン＆ジャパンアンバサダー就任会見」での JO1（2022 年）

スメラインとして二〇一八年に発表したBoy De Chanelの広告です。Boy De Chanelは発売時には韓国の俳優イ・ドンウクを、二〇二〇年には人種・肌の色の異なる三人のファッションモデルを起用したグローバル・キャンペーンを展開しています。動画広告では、それぞれの肌の質感を整えて精悍な風貌に整えるメイクのプロセスを、男性の身だしなみ道具として相応しいシンプルなパッケージデザインとともに印象づけ、ナレーションには年長男性が低く強い声で、手順の指示を与えています。[2]動画広告の三人のモデルの中でとくに目立つのは中国出身の黄《ファン》仕《シ》鑫《シン》です。切れ長で一重瞼の目や鋭角的な輪郭、下瞼の際に引かれたアイライナーと黒いネイルと手の仕草が際立っています〔図4〕。先に挙げたGivenchy Beauty、BOBBI BROWNのキャンペーンと同様に、CHANELが東アジア系のモデルを積極的にキャンペーンに起用する背景には、韓国が男性美容の先進国として注目を集め、アジア市場の成長が有望視されるというマーケティングの見地が反映され、「魅力的なアジア系男性」のイメージがグローバルに展開する美容・ファッション産業の中で求められ、作り出されている状況があります。

　このように、近年成長著しい男性美容市場において、ジェンダーレスやジェンダーニュートラルという表現を用いて、ジェンダー規範に囚われることのない「自分らしい」スキンケアやメイクを推奨する広告もある一方で、スポーツジムの広告に現れるような筋骨隆々とした肉体やスーツ姿の男性像を反復・再生産し、スキンケア・ヘアケアを自己管理・身体鍛錬の一環として位置づけ、因習的なジェンダー規範を内面化した上で男性の容姿に対する視線を強化する表現も多く見られます。また、「清潔感のない男性は女性から嫌われる」という異性の視線の元に、「男性が美容に取り組む」ことが積極的に推奨され、「アップデートされた男らしさの追求」に結びつけられています。

〔図4〕Boy de Chanel の黄仕鑫

「デキる男」と「正論おじさん」

二〇一〇年代末以降、男性向けの脱毛・美容広告の隆盛を通して広告の中に「美麗な男性」像が提示され、理想化された消費者像としての男性の表象に変化がもたらされているとはいえ、「デキる男」としての男性像のテンプレート的な表現、より限定して言えば「スーツ姿のサラリーマン」という形で表される組織に帰属する男性の装いに対する意識や、社会的な価値観は、日本において大きくは変わっていないのが実情ではないでしょうか。コロナ禍を経る中でリモートワークが推奨され、就労環境やライフスタイルが変化しているとはいえ、制服やスーツのような画一的な装いを強制されない場合でも、自発的に好みにあった装いよりも、定型的な装いを選ぶ人の方が多数派を占めているようにも思われます。そのことを裏づけるように、二〇二〇年には大手の紳士服量販店AOKIがコロナ禍による衣類需要の変化を受け、伸縮素材を用いて、リモートワーク、外出用、室内着としても着られる多用途対応のセットアップ商品「パジャマスーツ」を開発・発売して好評を博しました。[3] このような従来のスーツ形状を模した商品がヒットする背景には、然るべき立場や社会的なコードに則った服装がリモートワークの時代にも重視され、定型の服を設定することで服を選ぶ煩わしさや手間から解放されるという捉え方や、仕事の場面では個の存在感や好みを表現するのは適切ではないという考え方が根強くあると言えるでしょう[4]〔図5〕。

しかし、コロナ禍を経る以前からもスーツの需要は激減しており、一九九〇年対比ではスーツの売り上げは四分の一まで減少し、既製スーツ大手企業は既存のビジネス需要がな

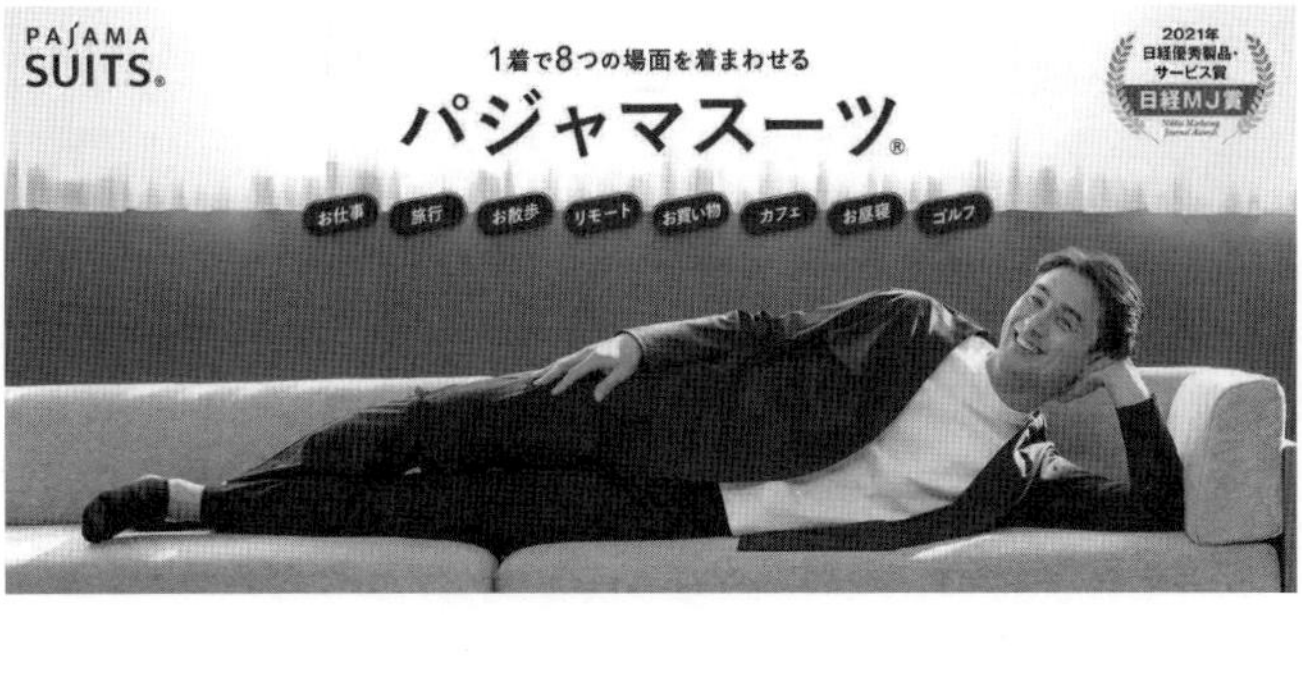

〔図5〕紳士服量販店AOKIが開発・発売した多用途対応のセットアップ商品「パジャマスーツ」

くなる前提で中期計画を考えているというアパレル業界を巡る現状と展望が報告されています。このような状況が今後さらに進行することで、スーツを着て働く男性は、将来的には希少な存在になるのかもしれませんが、それでもなお「スーツ姿のサラリーマン」が、働く男性像として幅を効かせているのは、広告の中で繰り返し作られている「デキる男」像の影響力が大きいからではないでしょうか。公共空間の中で意識していなくても視界に入ってくる「デキる男」像の一例として、飲料の自動販売機の側面や、商品取り出し口の上に掲出される広告が挙げられます。キャッチコピーは、「働くあなたは、かっこいい。」（キリンビバレッジ）、「一缶分だけ、仕事を忘れてみよう。」（日本コカ・コーラ）、「つかむぞ、好調」（大塚製薬）といった仕事をする人に対する励ましや呼びかけの形を取っていて、高層ビルのオフィスで働く二十代、三十代の男性イメージが頻用されています（図6－1、図6－2）。

ところで、このような「デキる男」像は女性から見て性愛・結婚対象として望ましいとされる「ハイスペック男性（容姿・学歴・職業・収入において優れた男性）」と言い表される男性像に重なります。従来はコンピュータや機械の高い性能を指す「ハイスペック」という言葉を、生身の男性の魅力と結びつけることは、人を専ら高い基準を満たして有能であると評価し、ロボットと同等のモノとして扱うような意味合いを含んでおり、こういった表現は、転職エージェントの広告表現においてとくに顕著です。広告やメディアに溢れる「デキる男」や「ハイスペック男性」のイメージは、それが社会の中で望ましい有能さ、男性らしさを具現化したものとして、優れた人材、目指すべき理想像として羨望の眼差しを向けられるにせよ、スーツや制服をまとい組織の構成要員として承認された規範的・画一的な男性像を押しつけるものとして、抑圧的なメッセージを孕んでいます。また、これ

[図 6-1]（右）飲料自動販売機側面「ジョージア グラン 微糖」（2022 年）
[図 6-2]（左）飲料自動販売機側面「ボディメンテ」（2021 年）

らの「デキる男」たちがどのような組織に帰属し、誰からの承認を求めているのかということを考えるためには、彼らより年上の中年、高齢層の男性のイメージに目を向ける必要があります。このような男性像を用いるものとして、駅構内や公共空間に掲出される行政、警察、警備に関する広報ポスターがあります。眉間に皺を寄せた五十代から七十代ぐらいの中高年男性が真正面を向いて直立し、指示を与えるようなポーズで写った写真に、命令し、正論を述べるようなキャッチコピーが添えられているものが多く見られます〔図7－1、7－2〕。広報を通して社会の規律と安全を守るために注意喚起をすることは確かに必要ですが、その役割を担う存在として年長の男性が「正論おじさん」として選ばれ続けることや、彼らの体現する威圧と権威こそが正当であるとみなす価値観は、非常に抑圧的で家父長制的です。

「正論おじさん」像と「デキる男」像の対応関係を社会構造に照らし合わせるならば「年長の男性が、意思・方針決定を行い、優秀で逞しい男性たちが方針に従い規律の取れた集団行動を通して使命を遂行する」という仕組みを前提として作られていると言えるでしょう。これまでに見てきた広告やポスターを第一次世界大戦期に制作された戦争プロパガンダのポスター（その多くが、愛国心を具現化した指導者が若い男性たちに入隊を呼びかけ、さまざまな職業の男性たちが軍服に着替えて隊列を組み戦地に赴くように描かれています）に照らし合わせてみると、一世紀以上の時代の隔たりがあるのにもかかわらず、その中で用いられている男性の表象が極めて似通っていて、両者の対応関係がほとんど変化していないことに気づかされます〔図8－1、8－2〕。軍隊と企業では、奉仕すべき目的が組織として異なるという見方もありますが、企業の利益のために粉骨砕身で働くサラリーマンのことを「企業戦士」と呼び慣らすこともあったように、国民国家や階層構造に従属するよりほ

[図 7-1]（右）鉄道事業者共同 PR 暴力行為防止ポスター「藤岡弘、が論（さと）す。手が出たのは、酔っていたから？編」（2021-22 年）
[図 7-2]（左）警視庁テロ防止ポスター「テロを、ゼロへ。」（2022 年）

かはないことの息苦しさを、「男性らしさ」に根ざしたこれらのイメージは示しているのではないでしょうか。

「デキる男」像の変わらなさ

これまでに見てきたような一定の型を持って表現される「デキる男」たちのイメージの源流として、一九八〇年代に北米で持て囃されたヤッピー（Young Urban Professionals：都市に住む専門職のエリート若年層）のビジネスマン、さらに遡るなら一九三八年に登場したアメコミのヒーロー、スーパーマンに変身する新聞記者のクラーク・ケントを挙げることができるでしょう。日本では知的労働に従事する男性像として、スーツや時計のようなファッションアイテムの広告のほかに、仕事に関わるパソコン（ＰＣ）などのＯＡ機器の広告に頻繁に登場するようになったのが、一九八〇年代のことです。パソコン雑誌は一九七〇年代半ばから相次いで創刊され、一九八〇年代から職場でのパソコンの普及とともに発行部数を伸ばしていきますが、当時のバックナンバーを紐解くと広告表現が変わっていくのを見て取ることができます。パソコンの市場普及の黎明期には、コンピュータ本体を捉えた写真が広告の多数を占めていましたが、徐々に芸能人をイメージキャラクターとして起用した広告に混じって、オフィスで最新のＯＡ機器を使って仕事をするサラリーマンの登場が増えていきます。そのような広告の中で白人男性のモデルがプログラミングや情報処理に従事する人物像を演じ、欠陥のないロボットのような優秀さを記号的に表現しています〔図９〕。

インターネット普及以前に形成されていた「デキる男」としての男性の労働者／消費者

〔図 8-1〕（右）《Step into your Place》英国の徴兵ポスター（1915 年）
〔図 8-2〕（左）《Uncle Sam recruitment poster》米軍募集ポスター、ジェームズ・モンゴメリー・フラッグ画（1917 年）

のイメージは、CMや広告などを通して喧伝されていきますが、それらの広告を掲載していたパソコン雑誌は、無線通信やカメラ、自動車、バイクなどの宣伝・販売に結びついた、主に男性を主要な購読者とするホビー雑誌の一部門として刊行を続け、受容されてきました。一九九〇年代にパソコンやインターネットが本格的に普及する過程で創刊された『週刊アスキー』や『Mac Fan』のような雑誌では、総合週刊誌に倣うようにして表紙に若い女性タレントやアイドルを捉えた写真が掲載され、シスジェンダー、ヘテロセクシュアルを前提とした男性購読者向けのメディアとしての体裁が固定化していきます。自動車雑誌の表紙で女性が車の脇に佇んでいたり、カメラ雑誌でモデルの女性がカメラを手にしている様子が定型的な表現として用いられることが多いですが、その中で女性は自動車を運転する、カメラを操作する主体として表されるというよりも、所有欲の対象として消費財の一部のように扱われることが多く、そのような女性の描出の仕方は、パソコン雑誌の表紙にも通底しています。

このように、「デキる男」像に対応する女性像は、アイキャッチとして、商品を手にしたり、傍に佇んだり、あくまでも商品と同様に見られる対象として扱われ、秘書やOLのような職場で補助的な役割を担う存在として描かれてきました。先にも述べたように、「デキる男」は年長男性からの指示に従い、承認を得て、階層構造の中に従属する存在として描かれ続けていることは、因習的なジェンダー観や家父長制的価値観が未だに根強く残っていることの証左であり、現在も広告表現がその観点から脱却することが難しいことを批判的に振り返るべきです。

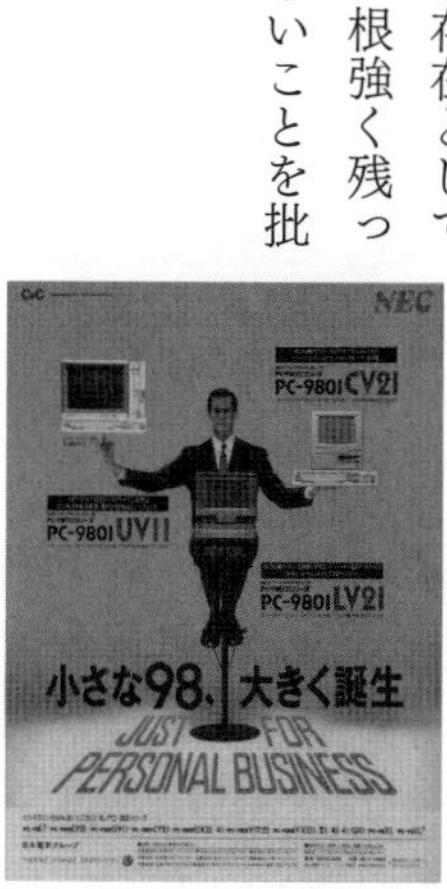

〔図 9〕NEC PC － 9801 シリーズ広告（1988 年）

ホモソ・ホモエロCMに見られる男性中心社会を分析する

この章の冒頭で、男性向けの脱毛広告のビジュアル表現が大きく分けて四つに分類されると書きましたが、改めてその表現と対応する意味について整理し、確認しておきたいと思います。

表現	対応する意味
①スーツ姿で腕組み	職業・社会的地位・階層性
②白人男性のシックスパック	身体的強靭さ（健常性・人種意識と優位性）
③仲間（バディ）表現	誘い・同調圧力
④動物や有名キャラの登場	ふざけ・冗談の要素

このように広告の視覚表現を分類してそれらが意味することを言語化してみると、脱毛広告の中に男性中心社会を構成する価値観がメッセージとして明快に表現されていることがわかります。つまり、これらの広告は、強靭な身体を持って、仕事を通して社会的な地位を獲得することこそが男性として達成すべき目標であり、そのために仲間と連んで行動し、その関わりの中に冗談やふざけ合うコミュニケーションが必要とされていると伝えているのです。脱毛は、個人の身体に直接に関わるサービスであるために、それが身体表象を通して表現されていますが、男性を主なターゲットとする商品やサービスに限らず、男性のタレントやモデルが登場するさまざまな広告においても、男性中心社会の価値観が内

包されています。また、このような価値観が男性個人に関わることとして表現されるだけではなく、会社組織のような集合体として表現されるとき、その中に帰属する人は、年齢や職種によって階層化され、個人は帰属集合の中に埋め込まれていきます。

これまでに、広告写真を通して「デキる男」像を見てきましたが、ここからはテレビCMや動画広告、MVの映像表現を通して、男性個人、男性同士のふたり組、あるいは男性の集団がどのように表現されているのか、その典型的なパターンやバリエーションを外側から見る視線で批評的に分析していきます。これらのCMは、ホモソーシャル（homosocial＝女性及び同性愛を排除することで成立する、男性間の緊密な結びつき）な関係性と、ホモエロティック（homoerotic＝「男同士の絆」のような、性行為には至らない同性愛とホモソーシャルな関係の共存）な関係性を描き出しており、「ホモソ・ホモエロCM」とでも呼ぶべき内容を含んでいます。これらのCMの構成と背景を考えることにより、消費社会を駆動する上で「男らしさ」がどのように作用しているのかが浮かび上がってきます。ここでは、「仕事・職場」を舞台とするものと、ダンスや走ることなどの「集団行動」のふたつに区分して紹介しながら、「男性中心社会」の描かれ方について考えていきます。[5]

◎仕事・職場編

・アサヒスーパードライ（アサヒビール）

バブル経済期の只中の一九八七年に発売されヒットしたアサヒスーパードライの登場を強く印象づけたのは、国際ジャーナリストの落合信彦（一九四二－）が登場するCMのシリーズです。油田や遺跡、ニューヨークのプラザホテル（バブル経済の発端となったプラザ合意（一九八五年）が締結された会議が行われたことでも知られる名門ホテル）などを舞台として撮影され、落合は世界を股にかけて取材して執筆活動に勤しみ、外国人と対等に渡り合ってグローバルに活躍する「飽くなき向上心を抱き、高みを目指す規格外のデキる男」を具現化していました。画面の中でヘリコプターを登場させるなど、空撮や俯瞰する視点を多用しているのは、高みを目指す男性の挑戦する姿勢を表す演出です。

・ウーノ（資生堂　二〇二一年）

落合信彦が示した「外国人と対等に渡り合って活躍するタフな男性像」を戯画的に表現しているのが、資生堂のスキンケア製品「ウーノ」のＣＭです。「ウーノ」のＣＭは従来から会社組織内の上司部下関係を描いていましたが、二〇二一年には、ボディビルダー・お笑いタレントのなかやまきんに君（一九七八－）を起用しています。スポーツジムでワークアウトをして鍛え上げた筋肉を誇らしげに見つめ、外国人の同僚たちとロッカールームで着替えをしながらスキンケア談義をした後に、ロボットのように身体が増殖する映像が挟まれ、その後に同僚たちと高層オフィスビルで連れ立って商談に赴くという展開で、都会で働くビジネスマンとしての男性像のテンプレート表現を繰り返しています。コロナ禍でリモートワーク推奨の時代になっても、「高層ビルのオフィスに出社・商談」が「デキる男」の舞台に相応しいことは変わらないようです。

・ジョージア「男ですみません。」（コカコーラ・ジャパン　二〇一一年）

エルヴィス・プレスリーの大ヒット曲「おしゃべりはやめて（A Little Less Conversation)」（一九六八）に乗せて男性たちがつるみ、何かに夢中になっている様子を捉えたさまざまなシーンを繋げて展開する男性賛歌。「男は、単純だ。」、「男は、計算しない。」、「男は、笑える。」、「男は、女に弱い。」と、「男」という大きな主語で括って言い切りながら、「男は、サイテーで、そして男はサイコーだ。」と続いていきます。締め括りにある「男で、すいません。」という言葉は、他者に対する心からの謝意ではなく居直る態度を表しています。男性たちにとっての妻や恋人、職場の部下としてところどころに登場する女性は、男性の子どもっぽい振る舞いを見て、「そんな純粋で子どもっぽいところが可愛い」と微笑み、影で支え、ケアを担う役割として描かれています。男性社会の中にいて何かに打ち込む人にとって、「男は、〇〇だ。」と断定的に言い切って、その言葉に即して行動できることは、自己正当化と肯定感の根拠になるのかもしれませんが、その社会の外側に追いやられている人にとっては、その断言の仕方こそが疎外的で抑圧的です。

・カロリーメイト「Mate 見せてやれ、底力。」(大塚製薬 二〇一六年)

ポカリスエットやカロリーメイト、オロナミンCなど、大塚製薬の製品CMは概ね、学校や会社という組織の中で、制服やユニフォーム、スーツを着た人物を描き出しているという点で、日本社会の中での「帰属組織における人としての望ましいあり方・規範性」を集約して表しています。「Mate 見せてやれ、底力。」(二〇一六)では、高校時代の野球部の先輩後輩(柄本佑と野村周平)同士で、現在も同じ会社で働く男性同士の「男の絆」が描かれています。部活動の厳しい練習、ブラックな労働環境や残業のような厳しい教育・就労環境のハラスメント的な場面を描きつつ、お互いに辛苦を分かち合い、理解して励まし合えるふたりの関係を、男同士の絆という美しいものとして描き出しています。苦境の中で支え合う友情・信頼関係が続くこと自体は良いことですが、このような「絆」の物語は、過酷な男性中心社会のハラスメント環境への耐性と、その中で生き残ることを前提としていて、その構造自体はとてもグロテスクです。

・デリケアM's（池田模範堂／ムヒ）

デリケアM'sは男性デリケートゾーン（股間）の痒みを鎮静させる塗り薬です。「夏は股間が痒くなる　痒くなったらデリケアエムズ　掻かずに治そうデリケアエムズ」という行進曲調のメロディーに乗せたCMソングを、会社や居酒屋などを舞台として、男性集団が高らかに合唱します。ここで謳われているのは、個人の身体部位というより、「俺たちの股間」ともいうべき、集合的・抽象的な何かです。場面設定を変えながら何パターンか放映されてきましたが、いずれも最後に男性たちが揃って開脚して股間を強調するポーズをとる表現は共通しています。みんなで揃えば、「股間」という言葉を公の場で口にしても良い、むしろそれが奨励されるという、集団的な同調圧力の空気に逆らえない男性社会のハラスメント構造が表現されています。

これまで見てきた仕事の場面や職場を舞台にした五つのCMは、男性中心社会のあり方を、男らしさや仕事での達成、帰属組織の中での人との連帯や内在するハラスメント構造を織り交ぜながら直接的に描いています。このような表現のほかに、集団行動を通して描く表現の仕方があり、その典型的な動作が「走る」ことと「踊る」ことです。「走る」ことは、目的を遂行する、直向きに全力を出し切る、真剣な態度、現状を打破する姿勢を意味し、リレーやトラック競技の場面が設定されることでお互いに競うことや連帯感、チームワークが表現されます。また、「踊る」という行為もチームワーク表現となり、個人の自発的な動作、感情や喜びの発露というよりも、リーダー的な存在に指導されて「踊る・踊らされる」という、集団との関わりの中の振る舞いに焦点が合わせられます。

◎集団行動編

・東海道新幹線「のぞみは、かなう。」（JR東海　二〇〇三年）
・野村證券「2020のリレー 自己ベスト」（野村ホールディングス　二〇一八年）

「走る」演出は、グループアイドルを起用する際に適した演出方法と言えます。TOKIOは、長寿番組「ザ！鉄腕 DASH!!」との関係もあり、ダッシュする瞬間や動作をCMで演じています。JR東海の「のぞみは、かなう。（AMBITIOUS JAPAN!）」では、メンバー全員が出張するサラリーマンを連想させるようなスーツ姿で革靴を履いて新幹線と同じ方向に全力疾走します。同様の演出は、ヤマト運輸「進化する宅急便」、ジャパネットタカタ「三十周年スタートダッシュキャンペーン」でも用いられ、的確で迅速なサービス、企業としての成長性を表現しています。

スーツ姿で革靴を履いて全力疾走する表現は、東京五輪のスポンサーのキャンペーンにも登場しました。東京五輪ゴールドパートナーだった野村証券の「2020のリレー 自己ベスト」では、リレー競技で部下（坂口健太郎）が上司（玉木宏）にバトンを渡し、暗い背景のフィールドトラックを真剣な表情で走る様子が捉えられています。ただひたむきに走ってバトンを繋ぐ「デキる男」の姿は、招致段階からさまざまな問題を抱えていた東京五輪というプロジェクトを遂行するために、立ち止まることもコースアウトすることも許されなかった数多の人たちに重なります。

・サムライマック（日本マクドナルドホールディングス　二〇二二年）

コロナ禍の閉塞感と疲弊感が充満する時世に照らし合わせて、現状を打破して「新天地を目指す」ために仲間や部下を鼓舞し、新しい一歩を踏み出すように背中を押す表現は、「走る」表現に連なるものと言えるでしょう。堺雅人（一九七三−）が出演する「サムライマック」のCMは、オフィスビルにスーツ姿で登場し、働く男性たちを鼓舞する「大人を楽しめ」編と、帆船で大海原の嵐に立ち向かう藩士集団を率いる「新年を迎えるサムライたちへ」編があり、いずれも、困難に直面しても打ちのめされずに突進する男性らしさを強調して表現しています。新天地を目指すリーダー像として侍というキャラクターを使い、新天地に向かうことを「仲間と同じ船に乗る」こととして表現する描き方には、帰属集団から「離脱する」、「一人で歩む」選択肢は設定されていない旧態然とした男性社会のあり方が浮かび上がってきます。

・プロテインウォーター（サントリー　二〇〇九年）

「走る」ことが、同じ目標に向かって突き進み、達成することの表現だとすると、集団として統率が取れていることを表現するのが「踊る」という動作です。サントリーのプロテインウォーターは、中村獅童と松田翔太が先導する「細マッチョ」グループと、覆面レスラーの「ゴリマッチョ」グループという、体型によってグループを割り振られた男性たちが、向き合いながら同じ振り付けで踊る場面を描いています。ダンスのステージのカラーリングと「細MACHO」の電飾は、一九七〇年代にアメリカで放映されていたソウルミュージックとダンスを紹介する音楽番組「ソウル・トレイン（SOUL TRAIN）」の舞台を模しています。オリジナルの番組では、舞台に登場する人たちが思い思いに体を動かし、自由に踊っていましたが、このCMでは一斉に同じ振り付けを集団で行い、ソウルミュージックが音頭のようにアレンジされていることが、日本的なダンス表現と言えるでしょう。このような「踊る／踊らされている」の混在状態を見て取れることが、日本的な組織のあり方なのかもしれません。

「仕事・職場」と「集団行動」という観点からCMを通して見てきたように、消費社会の中で男性中心社会の様相は、帰属する社会組織の構造を揺るぎないものとして設定した上で描かれ続けてきました。バブル経済時代のアサヒスーパードライの広告で描かれていたような、世界を股にかけて精力的に活動する男性像は、好況時の男性たちにとっては憧憬の対象やロールモデルになり得たかもしれません。しかし、その後の三十年余り経済不況やコロナ禍を経て、少子高齢化、雇用・就労形態の変容、社会保障の破綻など既存のシステムが崩れ去るのを目の当たりにしながら、未だに広告の中で働く人のイメージとして、「デキる男」像を繰り返し登場させ続けることには、無理があります。

CMではありませんが、二〇二二年にヒットしたSEKAI NO OWARIの『Habit』のMVは、「働く人」としての「デキる男」ではなく、男子校の中の教師と男子生徒たちを描いており、これまで見てきたホモソ・ホモエロCMの表現の系譜に位置づけられるように思われます。歌詞の中では、「なんでもかんでも分類区別ジャンル分けしたがる」（すなわち階層化する）習性や「説教するってぶっちゃけ快楽　酒の肴にすりゃもう傑作」という言葉で、男性中心社会で繰り返されるハラスメントを「bad habit」と呼んで露悪的に批判しており、教師に先導され、操られるようにして、男子生徒たちは閉鎖された教室の中で踊らされます。生徒たちは、強制され、嫌々ながが踊らされているように見えると同時に、興に乗ってきて、踊り方が徐々に奇妙な熱気のようなものを帯び始め、途中で脇の下に手を持っていったり、股間に手を添えるような振り付けが加わったりします。このような鬱屈感と悪ノリの入り混じったような状態こそが、ホモソーシャルなハラスメント環境を映し出しているのですが、MVを通して楽曲がヒットし、ダンスが支持され、模倣される背景には、多くの人たちがそのような関係性や環境に対して、忌諱《きき》感情を抱くと同時に逃れがたい、巻き込まれざるを得ない何かを感じ取るからなのでしょう。

この章では前半で、脱毛・美容広告という近年目立ってきた広告を取り上げながら「デキる男」像という類型的な男性像の成り立ちと、それらがどのような局面において現れ、「男らしさ」という規範性をメッセージとして投げかけているのかを読み解いてきました。女性の表象が性差別的という観点から批判され、「炎上」という形で話題に上るケースがよくありますが、規範的な男性像自体は非難・批判の対象になることはありません。ただし、これまでに見てきたように「デキる男」像は、男性の身体を容姿や能力、社会的階層、人種的な観点から価値づけ、固定化する性格を帯びるものであり、「男らしさ」を装いや振る舞い、人との関わりを含めて規定し、その規範の枠組みから逸脱することや落伍することを恐れさせるような強烈な「呪縛」になっているのが現状です。このような「呪縛」から解放されることは容易ではありませんが、まずはこのような構造のあり方を俯瞰した上で、そこから距離を置いて個人としての身体や感覚を取り戻すことが必要なのではないでしょうか。

註

1　ブランドの「ミューズ」は通常のモデルの役割を担うと同時に、ブランドや企業のイメージを世の中に広めるという意味があり、「アンバサダー」は、ブランドと長期契約を結び、さまざまなイベントやキャンペーンを通してブランドの魅力を伝え続ける人と位置づけられています。

2　Create a Natural to Intense Look with BOY de CHANEL — CHANEL Makeup
https://www.youtube.com/watch?v=7HsZqHEgyvM

3　伏見学「〝5万着売れた〟テレワーク時代のヒット商品「パジャマスーツ」はAOKIの危機感から生まれた…成功の3つの秘密」（BUSINESS INSIDER、二〇二一年十一月二十九日）
https://www.businessinsider.jp/post-246648

4　小島健輔「スーツビジネスは終わったのか　既製スーツからアクティブスーツへ」（ＷＷＤ、小島健輔リポート、二〇二一年二月二十二日）
http://www.fcn.co.jp/thesis/wwd210222/
棚橋　慶次「止まらない市場縮小……スーツ専門店最大手の青山商事の戦略は？」
https://diamond-rm.net/management/216948/

5　一連のＣＭは、YouTubeで視聴できます。概要と動画リストは、「ホモソ・ホモエロＣＭをお焚き上げ！」を参照してください。
https://note.com/mikamiki0223/n/n78e703da4c1b

5

性感染症予防啓発は誰のため？

広報ポスターから考えるこれからの性教育

性感染症の予防啓発広報に着目する理由と経緯

コロナ禍で常に感染症への予防意識を持って生活することを余儀なくされる中で、広い意味で人と人の接触に対する意識が大きく変化してきました。このような状況下で感染者の急増が懸念されているのが、性感染症の梅毒です。コロナ禍以前の二〇一〇年代半ばから日本国内で梅毒の感染者数が急増していることはニュース報道などを通して度々報告されており、加えて近年では性的接触によっても感染するサル痘の感染拡大も懸念されています。[1] このような性感染症を巡る現状と、思春期を迎える子どもに必要な性教育の関心から、性感染症予防を含め、体を守るために正確でアップデートされた「性」に関する知識を伝える必要性を感じるとともに、自分自身の「性」に対する価値観がどのように形成されてきたのかということを振り返るようにもなりました。

私は一九八〇年代から九〇年代にかけて思春期と青年期を過ごし、その時期はエイズ・パニックの時代（エイズが性的接触で感染し、死に至る恐ろしい病としてメディアでセンセーショナルに取り上げられた時期）に重なります。学校教育の中で性教育を受けた経験は乏しく、セックスで感染する病の存在を思春期の頃に知ったということは、衝撃的な経験だったと感じています。現在、ＨＩＶ／ＡＩＤＳの予防法や治療法は飛躍的に向上しており、ＨＩＶ陽性者になっても、投薬などの適切な治療法を継続することにより、十分に健康を保って生活することができます。しかし、エイズ・パニックの時代に植えつけられた「致死的な感染症」という認識を持ったままでいる人が同世代に存外多く、大学の講義で接する学生からの反応を通して知る限りにおいては、若年層の中にも親世代に近い認識を持っている人が少なからずいます。性感染症に限ったことではありませんが、医療や公衆衛生に関する知識や認識は自然にアップデートされるものではありませんから、現在育児や教育に携わる世代にこそ、性感染症の現状について意識して調べることも含め性教育の学び直しが必要です。

昨今では性の多様性が謳われ、「包括的性教育」を目指して、性を「秘事」として扱うのではなく、健康な生活を送る上で、また人権に関わる大切なテーマとして、よりオープンで話しやすくすべきという認識が広がり、性教育に関連する書籍や、YouTubeなどインターネットを通した情報発信が盛んに行われるようになってきました。しかし、性に対する保守的・規範的な意識から、「性」について知ったり、伝えたりすることに関してハードルを感じる人が多いのも事実です。とくに性感染症に関しては、さまざまなスティグマ（差別や偏見）がつきまとうがゆえに、感染に対して危機意識と当事者意識を持って取り組もうとしても、自身が感染の不安を抱えたり、身近に感染の事例を見聞きしたとしても、予防や治療に繋がるにはどのような情報にアクセスしたら良いのかという初歩的な段階で悩んだり、困難を抱えたりすることは想像に難くありません。性感染症への意識を高め、より良い円滑なコミュニケーションができる環境を作り出すためにも、厚生労働省や地方自治体の保健局のような公共機関による広報が担う役割は重要ですし、ポスターのような掲出物や教育用の冊子などの広報物が、どのような表現を用いて「性」と「病」を表現しているのかということを、表現の公共性という観点から検証する必要があるでしょう。

これまでの章で美容・脱毛広告や東京五輪に関連するキャンペーンなどを通して見てきたように、広告の中で形作られる身体表象は、常に美しさや若さ、健常性を称揚し、理想的な消費者像を作り出しています。それに対して、公衆衛生の広報は、老いや病のような、誰の身にも関係するにもかかわらず、直面し難いことを伝える役割を担うものです。広報に求められる役割は、正確な知識の伝達と教育、注意喚起と適切な行動の指南であり、商品やサービスに対する欲望を喚起する商業的な広告とは性格を異にする部分もありますが、人々の関心と注意を引きつけ、情報を与えるものであり、どちらも身体の表象が関わるという点は共通しています。また、ジェンダー表現という観点から見ると、性別二元論に則してジェンダー役割を振り分けて表現し、女性を性的対象（客体）化して、アイキャッチとして扱う方法は、商業広告のみならず公共機関の広報物においてもよく見られる手法であり、それがゆえに女性像の表現のあり方が議論の対象になることがしばしばあります。[2]公共空間において誰しもが目にする広報にこそ、ジェンダー表現のあり方を見直し、アップデートする必要があるのですが、日本における性感染症予防啓発の広報は、表現方法やコミュニケーションの仕方においてさまざまな問題を内包しています。

日本における性感染症予防啓発広報が内包する問題

毎年、世界エイズデーの十二月一日を中心とするエイズ予防月間の期間中は、予防啓発キャンペーンの広報物を公共施設や交通機関などで目にする機会が増えます。私が二〇二一年末にTwitter上で目にした豊中市保健所のバス車外広告〔図1〕はその中でもひときわ印象に残るものでした。コケシの被りものをまとった女性が目を見開き大きく口を開け、大きな黒いゴシック体の文字で「ＨＩＶ検査イキやぁぁぁぁ！」と絶叫するセリフが添えられていました。[3]バスが走行していても遠目でも視認できるほどのインパクトですが、女性表象の観点から見れば、首肯しかねる表現と感じられました。なぜならコケ

〔図1〕バス車外広告「HIV 検査イキやぁぁぁぁ！」
豊中市／公益財団法人エイズ予防財団（2021 年）

シは張型（ペニスを模した性具・ディルド）の隠語であり、「大阪のおばちゃん」を被り物でキャラクターに仕立てることで中高年の女性を茶化し、さらには検査に「行く」ことを「イク」という片仮名で表すことで性的なニュアンス（「イク」＝オーガズムに達する）をつけ加えており、それらの演出とキャッチコピーが、通行人に対する注意喚起のためのインパクトを追求したものであることは理解できるものの、女性が粗雑に扱われていることは否めなかったからです。

女性像を用いた性感染症予防キャンペーンの前例として、二〇一六年に厚生労働省がアニメ「美少女戦士セーラームーン」を起用したものがあります。セーラームーンの決め台詞「月に代わっておしおきよ！」をもじったキャッチコピー「検査しないとおしおきよ！」を掲げ〔図2〕、セーラームーン世代（キャンペーン実施当時で二十代半ばから三十代前半）の若年層を中心に反響を呼びました。どちらのキャンペーンもインパクトによる注意喚起力や実効性はある程度評価できるのかもしれませんが、表現の中に感染した、あるいは感染する可能性のある「当事者性」のある人物像を描く観点は抜け落ちていて、女性をアイキャッチとして扱う因習的なジェンダー観が反映されていると言わざるを得ません。また、キャンペーンのメッセージを伝える存在として著名な男性芸能人がポスターやACジャパンのHIV啓発CMに起用されきたこともありますが、あくまでも世の中で認知度が高いがゆえの起用であり、当事者性に重きが置かれているわけではありません。

日本では性感染症啓発のような公衆衛生の分野に限らず、政府や自治体の広報物にアニメや漫画のキャラクターが認知度の高さや親しみやすさ、若年層への訴求力の強さを期待して頻用される傾向があります。[4] また、病気や障害のスティグマ化（ネガティブな認識、偏見の押しつけ）を回避するという名目のために、当事者を直裁に描いた写真などの使用

〔図2〕厚生労働省　美少女戦士セーラームーン「検査しないとおしおきよ!!」（2016年）

は避けられがちですが、明るく親しみやすいタッチのイラストやピクトグラム、素材写真が多用されることに繋がり、当事者を描かないがゆえにその存在が不可視化されています。広報の企画・制作側においても、「なぜその表現を選ぶのか」ということを、ジェンダーや視覚表象の担う役割の観点から十分に検討がなされていないのが実情ではないでしょうか。

性感染症という「性」に深く結びついた課題を伝える役割を担うのにもかかわらず、性的なニュアンスを含ませることなく、ニュートラルな方法で伝えようとする姿勢は、ピクトグラムのような記号表現を用いた広報物においてとくに顕著です。厚生労働省のウェブサイトで、性感染症予防啓発ツールとしてオンラインで提供されているリーフレットやポスター（いずれも二〇一〇年代作成）の中でも、日本における性感染症予防啓発広報全体に通底している問題を表しているのが、「オーラルでも、うつります。性感染症。」〔図3〕です。[5] 歩行者信号機の赤信号（上部）の中に描かれた倒立した女性の足を男性が持つようなピクトグラムがオーラル・セックス（フェラチオ、クンニリングス）のポーズを暗示させ、それらが性感染症を伝染させる危険性がある行為であることが示唆されています。一方、「進むことができる」を意味する青信号（下部）の中に並ぶ男女の正立像はセーファー・セックス、あるいはセックスをしない状態を表しているようにも読み取られますが、赤信号と青信号の組み合わせが意味することとの対応関係は明示されていません。キャッチコピーで「オーラル・セックスによっても性感染症はうつる」ことを示唆しながらも、「セックス」という言葉を目立つ太字で表記することは回避され、信号機の左側には、「性感染症はオーラルセックス(口腔性交)を介しても人から人へと感染します。「口だから感染しないと思った。」そんな声が聞こえてきそうですが、無防備なお口の行為は、してもされても、感染

〔図3〕厚生労働省「オーラルでも、うつります。性感染症。」（2012年）

する可能性があります。」という文章が細い字で添えられています。この文章は注意喚起と行動指南を意図したものですが、「無防備なお口の行為」という表現は、オーラル・セックスにおいて何が感染の危険を招くのか（具体的には唾液や血液、精液、膣分泌液を介した感染）を伝えておらず、正確で具体的な情報の提供とは程遠いものになっています。ピクトグラムは、人を概念として、また統計的な枠組みの中で表現するのには適した表現方法ですが、性別二元論の枠組みで人を振り分けた上で、異性間のセックスのみを記号的に、それも不十分な方法で表現し、性感染症について不明瞭で他人事のように説明する文言を用いた表現だけでは、見る人に対して当事者意識を持たせて注意喚起することは極めて難しいのではないでしょうか。

その一方で、このような厚生労働省の広報とは対照的に、具体的な情報を必要とする人へ確実に届けるために積極的な取り組みを続けている団体があります。ゲイタウンとして知られる新宿二丁目に拠点を置くNPO法人aktaや、大阪・堂山町に拠点を置くコミュニティセンターdistaのような、主にHIV陽性者や男性同性間性的接触者（MSM）向けに情報を発信するコミュニティ・センターです。性感染症の検査や治療を呼びかける広報物〔図4〕では、ベッドの上で体を寄せ合う男性たちの性的関係を直截に表す写真が使われていて、情報を必要とする人の関心を惹きつける表現になっています。[6]

厚生労働省とNPOの広報〔図3、4〕を比較すると、その中で用いられている表現の違いから、前提にある関係性・距離感の違いが浮かび上がってきます。厚生労働省のポスターが人を図式的に記号として表現し、距離をおいた立場から検査や行動指南を呼びかける表現だとしたら、aktaのポスターやリーフレットはお互いに顔の見える距離感で検査の重要性を伝え、支え合う仲間の存在を印象づけるものです。駅貼りなど公共空間で掲出

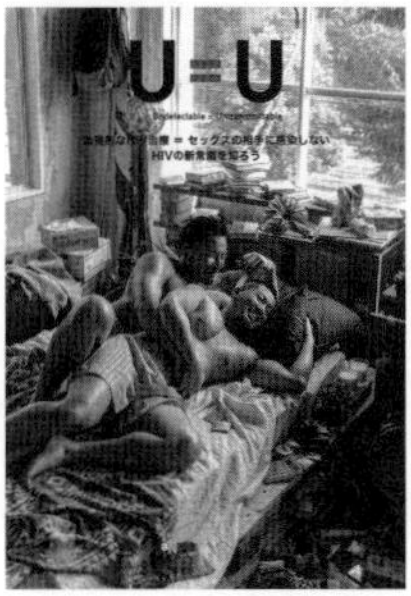

〔図4〕非特定営利法人akta主催展覧会「U=U 2020　HIVの新常識を知ろう」（2020年）

することと、当事者意識が高く、具体的な情報を必要としている人たちが集まるコミュニティ・センターの中で掲出・配布することでは、対象者や情報の流通量という点においても大きな差があるので、広報としての機能や効果を単純に比較し、同列に扱うことはできません。しかし、厚生労働省や地方自治体の保健局が提供する広報にだけ接していて、図4のようなゲイ・コミュニティの中で制作され、受容されているものを目にしたことがない、社会において多数派を占める人たちにとっては、「当事者の表象が排除されている」状態に気づき、それを問題として認識すること自体が難しい実情は強調して指摘しておく必要があります。また、性感染症やセクシュアル・ヘルスに関連して具体的でアップデートされた情報発信の拠点が、東京や大阪のような都市部に偏りがちであること、想定される受容者が地域やセクシュアリティで切り分けられていること、情報を必要としていてもアクセスが難しい人が数多くいること、情報の発信に関与する側（公衆衛生・行政・医療・福祉・教育など）と受容者側が相互にコミュニケーション不全の状態に置かれていること自体も大きな問題と言えます。

性感染症予防啓発には、当事者意識や関心が比較的薄い層も含めてより具体的かつ積極的な働きかけが必要ですし、ポスターのような公共空間の掲出物にこそ喚起力があり、さまざまな性的指向を持ち、多様なジェンダーを自認する人にとって抵抗なく受け入れられる表現が求められます。

エイズ・ポスター・プロジェクト（APP）が提起した視点

このような性感染症の広報における「当事者表象の排除」の問題は、エイズ・パニックの時代においても指摘されていました。一九九三年に京都で発足したエイズ・ポスター・プロジェクト（ＡＰＰ）は、芸術活動に取り組む人たちが主体となって運営された活動で、ＨＩＶ陽性者やエイズ患者、またさまざまなマイノリティを排除する状況に対しポスターやフライヤーの制作、スライドショーやクラブイベントの開催などを通して，ＨＩＶ／ＡＩＤＳに対する無知・偏見・無関心を見直すための活動を展開しました。[7] プロジェクトメンバーらは、表現者の視点から日本における広報に通底しており、現在も解決されていない問題を指摘し、活動の一環として、海外のＨＩＶ／ＡＩＤＳのポスターを日本のものと対比しながら紹介する展覧会を開催し、以下の五つの項目に分類しています。[8]

1.「愛」と「勇気」で何が伝わるか？（エイズから逃げ続ける日本のポスター）
2. 当事者とは誰のこと？（ＨＩＶ感染者のための情報・メッセージ）
3. 女性が主人公の・女性のためのポスター
4. 道徳とは特定のイデオロギーのことだ（ドラッグ・アルコールとエイズ）
5. セックスに関する具体的な情報とは何か？

この分類に沿って展覧会の趣旨と日本の広報に通底する問題を紐解いていくと、まず(1)「愛する人を守ろう」や「勇気を出して検査を受けよう」というような、「愛」や「勇気」などの抽象的・情動的な言葉が性感染症予防の広報物で多用される傾向があります。また、「性」を「性愛」として、「愛しあう関係」の方に焦点を合わせ、視覚表現としてはハートのモチーフを頻用したり、異性愛のカップルを表す図像を用い、ＨＩＶ／ＡＩＤＳは誰にとっても「他人事ではない」とか「無関係ではない」という遠回しな文言によって、セックスに関する直接的な表現を避ける傾向も顕著です。さらに、モノガミー（一夫一婦制）やモノアモリー（恋人ができたらその人のみを愛すること）的な価値観を尊守するべきものとして前提視することで、同時に複数の性的パートナーを持つことを「不特定多数とのセックスは感染リスクを高める」というような表現を用いて倫理的な観点から戒め、セックスをする相手として「不特定多数」と「大切な人」が分離した相互排他的なカテゴリーの中に振り分けられる存在であるかのように扱う表現も散見されます。

このように、性感染症の本質に触れることなしに、やんわりと感染予防を呼びかける表現のあり方は、財団法人エイズ予防財団が啓発キャンペーンとして、小学生から成人を対象に毎年実施している「世界エイズデーポスターコンクール」の選出作品にも共通しています。言い方を変えれば、学校教育の図画コンクールの仕組みを踏襲して、広報で頻用される「愛」と「勇気」、「理解する努力」のような道徳的な価値観を組み合わせた表現を評価し、中身のない空疎な表現を再生産させています。学校教育の中で十分な性教育を行うことなしに、抽象的なキャッチコピーを用いたポスターを制作させて、作品を選出・表彰することが本当に性感染症の啓発活動にとって有効なのか、根本に立ち返って問い直すべきではないでしょうか。[9]

（2）の「当事者表象の排除」の問題は、これまでに紹介した広報物〔図1、2、3〕を通しても指摘してきました。この展覧会では、治療や支援に必要な具体的な情報を伝える海外のポスターを紹介しています。また、ＨＩＶ陽性者や支援者を捉えた写真を使ったポスターは、「感染しない／させない」ことを呼びかけるだけではなく、既に社会の中に存在する陽性者を可視化する表現として強いインパクトを具えています。（3）では、日本での母子感染への注意を呼びかけるポスターが、胎児や乳児の素材写真をイメージとして使用し、「子どもに感染させてはならない」、「ＨＩＶを未来に伝えてはならない」と訴えるものの、妊娠・出産の当事者である女性の姿が描かれていないことを示し、女性が登場して感染しないようにセーフ・セックスに主体的に取り組むことを主張する海外のポスターを紹介しています。（4）や（5）では、ドラッグやアルコールのようなＨＩＶ感染に付随する諸問題や、具体的な予防策を指南するポスターを紹介しています。ドラッグを注射する際には消毒した清潔な注射針を使うこと〔図5〕、男性同士のセックスに使われる場所（ハッテン〔発展〕場）に掲出されたポスター〔図6〕ではアナル・セックスと比較するとオーラル・セックスの方が感染リスクを下げられること、口腔内での射精を避けて、歯ブラシやデンタルフロスを使う際に口腔内の出血に注意することなど、より安全なセックスをするためにはどうしたら良いのかを指南するために、具体的な情報が記されています。

このように、日本の公的な広報に内在する問題を指摘して、表現者として啓発活動に取り組んだエイズ・ポスター・プロジェクトの活動は、エイズ・パニックの最中にあった一九八〇年代のアメリカを中心に展開したエイズ・アクティヴィズム（米国政府の無理解・無策への怒りから、政治・医療・教育・文化など多方面においてＨＩＶ／ＡＩＤＳの問題や窮状を訴え、同性愛者に対する差別に反対するデモ・抗議活動及び、エイズとともに生きる人々へのサポートを行う活動の総体）の影響を受けています。エイズ・アクティヴィズムの中でも、一九八七年にニューヨークで結成されたACT UP (AIDS Coalition to Unleash Power) は、SILENCE=DEATH（沈黙＝死）のロゴを使ったポスターなど、グラフィックデザインや宣伝広告手法を駆使して、エイズについての正しい知識の伝播、政府や製薬会社への抗議行動などを展開し、治療薬の開発・普及を加速させる大きな力となりました。

このような活動家たちの運動は、写真家のロバート・メープルソープ（一九四六－

〔図5〕サンフランシスコエイズ基金（SFAF）による「Bleach Man Clean it with bleach.」（ドラッグ注射をする人に対してHIV感染予防のために注射針の消毒を呼びかけるポスター、1988年）

一九八九）や、画家のキース・ヘリング（一九五八－一九九〇）のようなＨＩＶ感染によりエイズを発症して他界した芸術家たちの活動との関係から、主に美術やカルチャー関連のメディアを通し、同時代の動向として日本でも紹介されています。[10] しかし、エイズ・ポスター・プロジェクトが草の根的な活動を通して目指していたこと、すなわち公的な広報が前提としている性規範を問い直し、当事者表象が排除されていることを指摘し、公共広報の支配的な表現に対して対抗的な態度を取ることで、ＨＩＶ／ＡＩＤＳに社会の認識を徐々に変えていくことの意義は徐々に認知されてきているものの、根本的に改善されるまでには至っていないことは、これまでに見てきた厚生労働省の広報のアイキャッチ的な図像や人物像を頻用したり、記号を用いて問題の直接的な描写を回避したりする表現のあり方からも明らかです。

世界各地のＨＩＶ／ＡＩＤＳキャンペーンの展開とセクシュアリティ教育（包括的性教育）

エイズ・パニックの時代から三〇年以上が経過した現在、ＨＩＶ／ＡＩＤＳは治療方法の進歩、検査による早期検査・適切な抗ＨＩＶ療法の継続でＡＩＤＳの諸症状の発症を防ぐことができ、「ＨＩＶ感染＝死に至る病」という認識は廃れてきています。また、抗ＨＩＶ療法を継続することで血液中ウィルス値が検出限界値を下回れば性交渉で他者に感染しないという科学的に裏付けられた事実を伝える「U=U（Undetectable=Untransmittable）」というメッセージが発信され、PrEP（曝露前予防内服＝性交渉の事前に薬を内服するＨＩＶの予防方法）が徐々に周知され、普及しつつあります。しかし冒頭でも述べたように、日本国内で二〇一〇年代半ばから梅毒の感染が急増し、近年では性的接触によるサル痘の世界

〔図6〕サンフランシスコエイズ基金（SFAF）によるポスター「Oral Sex Is Safer Sex」（肛門性交より口腔性交の方がHIV感染のリスクが低いこと、性交時の留意点を指示、1994年）

規模での流行拡大が懸念されるなど、ＨＩＶだけではなくさまざまな性感染症の予防対策は喫急の課題です。

そのために必要な教育は、性行為や生殖の仕組みを中心に扱う「性教育（Sex Education）」から「セクシュアリティ教育（Sexuality Education）」へと概念的な枠組みが変わっており、近年では「包括的性教育」として認知されるようになってきています。国際セクシュアリティ教育ガイダンス（二〇〇九年に初版、二〇一八年に改定）では、セクシュアリティ教育の目的は、「健康と福祉を促進し、人権とジェンダー平等を尊重し、子どもや若者が健康で安全で生産的な生活を送ることができるようにすること」と示されています。[11] このように、世界規模で性についての認識や教育のあり方が見直され、教育活動として実践されている中で、どのような性感染症予防啓発が展開し、感染抑止に功を奏しているのか、それぞれの国が置かれている状況や、宗教・経済・政治・性規範など社会的背景も含めて目を向ける必要があるでしょう。

ＨＩＶ／ＡＩＤＳの予防啓発キャンペーンの展開の中で、大胆な表現を用いた広報で話題に取り上げられるのが、スイス連邦公衆衛生局（ＳＦＯＰＨ）による取り組みです。エイズ・パニックの時代に欧州で最も多くの感染者を出したことを契機として、三〇年余りにわたって続けられている広報活動は、屋外広告、コンドームの配布、オンラインでの動画配信など多岐にわたり、ウェブサイト「LOVE LIFE」では啓発活動の軌跡を辿ることができます。[12] 多言語国家であり、移民の割合が多いことを背景として、ウェブサイトやポスターも複数言語で制作され、明快で簡潔な文言と目を惹きつけるビジュアル、時には裸体や性行為を直裁に捉えた写真を多用するビルボードやポスターの表現がセンセーショナルなものとして大きな反響を呼んでいます。たとえば、「LOVE LIFE STOP AIDS」と記されたコンドームのパッケージを掲げたポスターには、「1.コンドームなしの挿入をしない　2.精液や血液を口に入れない」という二大原則がキャッチコピーとして添えられています〔図7〕。二〇〇五年のキャンペーン「No Action Without Protection.（防御なしの行動はない）」では、裸体でアイスホッケーやフェンシングをする人を捉えた写真が使われ、コンドームなしにセックスをすることは、身体を守る装具なしに激しいスポーツをすることに等しい危険な行為であることを強く印象づけています。一連のキャンペーンは、その裸体描写の多さゆえにポルノ的であると非難されることもありますが、近年では実際の異性・同性のカップルを起用するキャンペーン「LOVE LIFE NO REGRET」〔図8〕も展開しています。異性間・同性間の性行為を描いた写真を同等に公共空間で掲出できることは、スイス国内での性教育の成果を反映していると言えるのですが、性教育の内容と時期、学校教育の担う役割については議論も起きています（現在は実施されていませんが、小学校でペニスとヴァギナを象った布製の道具を使ってセックスの仕組みを示す授業が行われていました）[13]。また、欧州諸国の中でも性教育の先進国と評価されているオランダでは、小学校高学年で模造ペニスを使用してコンドームの装着の仕方をグループで学ぶ実習が取り入れられています[14]。

それぞれの国が置かれている状況が異なるため、他国で設定されている教育カリキュラムの良し悪しを単純に比較することはできませんが、「はどめ規定」により受精・妊娠を取り扱いながらも、妊娠の経過を取り扱わず、「性交」、「中絶」、「避妊」などの言葉は取り扱わないと中学校の学習指導要領で定められている日本の性教育[15]は、割り当てられている授業時間においても、内容においてもあまりにも乏しいものであり、この現状を抜本的に見直さなければ、子どもや若者の人権とジェンダー平等が尊重され、健康で安全な生活

〔図7〕スイス公衆衛生局（SFOPH）バスの背面広告「LOVE LIFE STOP AIDS」キャンペーン（2005年）左上部に「1.コンドームなしの挿入をしない、2.精液や血液を口に入れない」とある。

を送れる社会を実現することはできないのではないでしょうか。

「LOVE LIFE NO REGRET」キャンペーンのように、同性間、とくに男性同士の性的関係を捉えた写真が公共空間で掲出され、受容される背景には、世界各国で同性婚の合法化が進んできたこと、その過程で企業広告の中でも「多様性表現」、ＬＧＢＴマーケティングの一環として、さまざまなジェンダー、性的な関係性のあり方をを描くことが一般化してきたこと、二〇一〇年代後半にPrEPが男性同士の性的関係を捉えた写真を使って宣伝され、普及したことなどが背景として挙げられます。オーストラリアのサウスウェールズ州で活動するＮＰＯ法人ＡＣＯＮのキャンペーン「Ending HIV」（二〇二〇）はこのような状況下で展開されたもので、〈「TEST OFTEN」＋「TREAT EARLY」＋「STAY SAFE」＝ENDING HIV〉（頻繁に検査を受けること・早期治療に取り組むこと・予防をすることで、ＨＩＶ感染を終結させることができる）というメッセージを、明快で色あざやかなグラフィック・ワークと多様な人種・年齢の男性たちを捉えた写真を組み合わせています〔図９〕。ひとりひとりが主体的・前向きにＨＩＶ／ＡＩＤＳに取り組むように呼びかけており、日本ではaktaのキャンペーン〔図４〕のようにＨＩＶ陽性者や男性同性間性的接触者のコミュニティにおいて限定的に受容されている表現が、バス停や地下鉄のような公共空間でポスターやビルボードのような大型の広報として掲出されている状況から、ＮＰＯの活動と地域行政との連携が取られていることがうかがえます。[16]

このように先進国においては、性感染症予防啓発や治療の医療体制が整い、感染抑制が進められていますが、それでもなお世界規模で見るとＨＩＶ陽性者数は増え続けています。二〇二〇年の時点で、世界中で約三七七〇万人のＨＩＶ感染者／エイズ患者がいると報告されており、年間約一五〇万人の新規感染者、約六八万人の死亡者が出ていると推定され

〔図 8〕スイス公衆衛生局（SFOPH）「LOVE LIFE NO REGRETS」（2014 年）

ています。ＨＩＶ陽性者の三分の二は、サハラ以南のアフリカ諸国に集中しており、コロナ禍でＨＩＶの検査や治療が減少していることで状況がさらに深刻化しています。[17] 感染対策や性教育、広報に財源を割く余裕のある先進国とは状況が大きく異なり、アフリカ諸国では同性愛がタブー視され、異性間性交渉による若年層女性のＨＩＶ感染率が高いのが実情で、社会経済的な格差とジェンダー不平等が、多くの犠牲者を生み出している原因であることは明らかです。

アフリカ諸国での感染状況を改善するために、二〇〇〇年代前半にブッシュ政権の元で米大統領エイズ救済緊急計画が行われ、十四億ドルの資金が投入されました。しかしこの計画の中で感染予防策として重点が置かれたのは、結婚までは貞節を守り、セックスをしないように促す「純潔教育」であり、キャンペーンとして若者たちの写真に、「私は結婚するまで純潔を守ります」とか、「僕は童貞であることを誇りに思う。これ僕のＨＩＶ感染を止める方法」という文言を添えたビルボードが掲出されていました〔図10〕。後になって「純潔教育」は結果的に、若年層が安全な性行為についての正しい知識を得る機会を制限してしまい、感染抑止には功を奏していなかったことが報告されています。[18] 宗教保守派が強い影響力を持つ政権が先導する支援活動は、貞節及びモノガミー的な倫理観を遵守することを前提視して、性感染症を「逸脱行為に対する天罰」とみなす偏見を推し進めることにも繋がっていくものだったと言えるでしょう。また、このような弊害は、昨今その内実が明るみに出されつつある日本での宗教保守派・右派勢力によるジェンダー・フリー・バッシングや性教育への介入がもたらした状況にも重なるところがあります。

国連合同エイズ計画（UNAIDS）の事務局長ウィニー・ビャニーマ（ウガンダ出身のフェミニスト人権活動家）は、二〇二一年の世界エイズデーのメッセージで「不平等を終結さ

〔図 9〕オーストラリア　ACON「Ending HIV」PrEP による感染予防を呼びかけるビルボード（2020 年）

せましょう。エイズを終結させましょう。パンデミックを終結させましょう。私たちすべてが安全でなければ、誰も安全ではないのです。[19]」と、コロナ禍で深刻化するジェンダー格差、経済格差の解消なくして、感染症を終結させる術はあり得ないことを強く訴えています。このようなメッセージは、「純潔教育」の推進がもたらした弊害を見直し、性教育を通した女性や子どもたちのエンパワメントへの道筋を示すものと言えるのではないでしょうか。

これまで、日本国内と世界各地のＨＩＶ／ＡＩＤＳ、性感染症の広報をその表現という観点で比較してきたことから明らかなように、それぞれの表現は、その地域で実践されている公衆衛生や医療、教育の状況や社会背景を映し出しています。ひとつの国や地域、コミュニティの中で制作され、受容されている広報だけに接していると、その背後にある価値観が他の国や地域でも広く行き渡り、通用しているかのような錯覚に陥ってしまいますが、実際には性の価値観は多様であり、感染状況も大きく異なります。このような違いを踏まえ、性感染症にまつわるさまざまなスティグマを意識した上で、当事者を排除し、問題の本質を隠蔽するような表現を見直して、改善する必要もあるでしょう。また、世界各国で人工妊娠中絶を巡る状況が激変し、日本で緊急避妊薬導入のあり方について議論が行われている近年の状況に鑑みても、性感染症啓発の広報において女性を性の主体として描くことが重要ではないでしょうか。

〔図10〕「彼女は結婚のために純潔を守ります。あなたはどうですか？」ウガンダの首都カンパラに掲出されたビルボード（OAFLA／アメリカ合衆国国際開発庁、2005年）

註

1　厚生労働省の報告によると、梅毒の感染者数は二〇一〇年代半ばから急増しており、二〇一〇年は六二一人、二〇二二年は一〇七四三人と感染者数が推移し、とりわけ近年は若年層の女性の感染者数が急増しています。厚生労働省のウェブサイトの「性感染症・梅毒」を参照。
https://www.mhlw.go.jp/stf/seisakunitsuite/bunya/kenkou_iryou/kenkou/kekkaku-kansenshou/seikansenshou/syphilis.html

2 女性の客体化と日本の広告・広報における「萌えキャラ」や「美少女キャラ」の使用を巡る問題については、李美淑「炎上する「萌えキャラ」／「美少女キャラ」を考える」の「女性の「客体化」とはなんであろうか」、炎上した「萌えキャラ」／「美少女キャラ」から見えるもの」を参照（『いいね！ボタンを押す前に――ジェンダーから見るネット空間とメディア』（亜紀書房、二〇二三年、九三－一一三頁）

3 この広報の図像は、大阪エイズウィークスの啓発広報の一環として公益財団法人エイズ予防財団の企画で二〇一七年に制作されました。「大阪エイズウィークス等の啓発の企画と効果測定」 https://mhlw-grants.niph.go.jp/system/files/2017/172121/201719019B_upload/201719019B0020.pdf

4 近年話題を集めた例として、二〇二二年に成人年齢の十八歳引き下げに伴い、漫画・アニメ作品『東京リベンジャーズ』が政府広報のキャンペーンに起用されました。「コラボ広告」や「タイアップ」という形で展開される公共広報のあり方は、行政とメディアの結びつきや、作品の表現に内包され視覚化されている価値観の流用という観点からも検証されるべきでしょう。
https://www.gov-online.go.jp/tokusyu/seinen_18/index.htm

5 厚生労働省のウェブサイトでは、性感染症の予防啓発ツール（ポスターやリーフレット）のデータを閲覧することができます。
https://www.mhlw.go.jp/stf/seisakunitsuite/bunya/kenkou_iryou/kenkou/kekkaku-kansenshou/seikansenshou/index.html

6　「Ｕ＝Ｕ　ＨＩＶの新常識を知ろう　効果的なＨＩＶ治療＝セックスの相手に感染しない」https://akta.jp/uu2020/

7　アーティスト・グループ、ダムタイプの中心メンバーだった古橋悌二（一九六〇－九五）が一九九二年にＨＩＶウィルス感染を仲間のメンバーに公表したことがＡＰＰ発足の契機になり、京都市立芸術大学の卒業生や有志が中心になって活動を展開しました。
京都市立芸術大学芸術資源研究センター　第17回アーカイブ研究会「エイズ・ポスター・プロジェクトを振り返る」
https://www.kcua.ac.jp/arc/17/#more-3509

8　展覧会のアーカイブの一部は現在「AIDS Poster Project」で公開されており、ポスターについての解説を読むことができます。
http://aidsposter.web.fc2.com/

9　エイズ予防情報ネット　世界エイズデー（十二月一日）啓発キャンペーンのページで過去に開催されてきた「世界エイズデーポスターコンクール」の実施要項と選出作品が閲覧できます。
https://api-net.jfap.or.jp/edification/aids/index.html

10　日本のメディアを通した紹介として、代表的なところでは、雑誌『美術手帖』で以下のような特集が組まれています。「ロバート・メープルソープ追悼」（一九八九年六月号）、「キース・ヘリング追悼」（一九九〇年六月号）、「エイズ　AIDS AND ITS POLITICS」（一九九一年六月号）

11　「SEXOLOGY 性を学ぶセクソロジー」では、ユネスコの公式ページに掲出されている「国際セクシュアリティ教育ガイダンス（ITSE, International technical guidance on sexuality education）」と「年齢別テーマ」の日本語訳がＰＤＦで公開されています。
https://sexology.life/world/itgse/

12 スイス連邦公衆衛生局（ＳＦＯＰＨ）のキャンペーン「LOVE LIFE」https://lovelife.ch/

13 https://www.swissinfo.ch/eng/society/after-strasbourg-ruling-_why-swiss-schools-have-a-say-in-sex-education-/43849460

14 オランダでの年齢ごとの段階的な性教育実践とその社会的な背景については以下を参照。リヒテルズ直子『0歳からはじまるオランダの性教育』（日本評論社、二〇一八年）

15 文部科学省「中学校学習指導要領」第二章　各教科　第七節　保健体育 https://www.mext.go.jp/a_menu/shotou/new-cs/youryou/chu/hotai.htm

16 ACON https://www.acon.org.au/　キャンペーンの制作はFrost*collectiveが手がけています。https://www.frostcollective.com.au/work/acon-ending-hiv/

17 UNAIDS『ファクトシート　２０２１年世界エイズデー』「２０２０年世界のエイズの状況」https://api-net.jfap.or.jp/status/world/pdf/factsheet2021.pdf

18 https://www.npr.org/sections/goatsandsoda/2016/05/03/476601108/u-s-spent-1-4-billion-to-stop-hiv-by-promoting-abstinence-did-it-work

19 https://www.unaids.org/en/resources/presscentre/pressreleaseandstatementarchive/2021/december/2021-world-aids-day-message-from-executive-director-winnie-byanyima

6

対談：広告だけに文化のすべてを担わせてはならない

笛美×小林美香

広告業界で働くフェミニストの笛美さんは、二〇二一年に著書『ぜんぶ運命だったんかい：おじさん社会と女子の一生』（亜紀書房）で、広告業界に根強く残るおじさんの価値観を明らかにしました。二〇二二年に笛美さんと開催したオンラインイベント「モヤモヤ広告お焚き上げ!!：ネットに漂う差別と偏見」では、インターネット上で際限なく表示されるエロ漫画広告の問題点や仕組みと広告の中での男性表象を、社会背景に照らし合わせながら語り合いました。本書の対談では、私たちが日々目にするCMや広告は、どのような組織構造の中で作られているのか、これからの広告業界の意識や表現はジェンダーの観点を取り入れてアップデートしていくことができるのか、政治への関心を高めるために広告の手法で何ができるのか、より深掘りして考えました。

おじさん社会と広告業界

小林　笛美さんは二〇〇〇年代後半から現在に至るまで十五年間広告業界で仕事をするかたわら、Instagram や Twitter のようなＳＮＳを通して政治やフェミニズムに関連する情報発信を続けてこられました。この十五間を振り返ると、二〇〇八年にリーマンショック、二〇一一年に東日本大震災、二〇二〇年に新型コロナウイルスの世界規模での感染拡大と、社会全体が大きな動乱を経てきた時期に重なります。電通の調査レポート「２０２２年日本の広告費」という、広告の経済規模を解説する記事によると、二〇二二年に日本の総広告費が最高だった二〇〇七年に並んで7兆円を超え、その内訳を見ると、二〇〇七年にはインターネット広告費の占める割合は八・六％だったのに対して、二〇二二年では四三・五％になり、その内訳が大きく変わっていることが示されています。[1]

SNSを通したインターネット広告の動向に目を向けると、iPhoneが登場したのが二〇〇七年で、二〇一〇年にInstagramがサービスを開始、二〇一四年末にはInstagramのユーザ数は三億人を超えてTwitterのユーザ数を抜きます。[2] ブログやSNSを通した個人の発信力がPRとして影響力を持つようになり、インフルエンサー・マーケティングとして重要視されるようになったのもこの時期に重なります。笛美さんが成長の過程で広告の仕事に憧れて入社した頃と、実際に企業で職務経験を積んだ時期とでは、広告やメディアのあり方そのものが激変していったわけですが、このような過程をどのように見てこられましたか？

笛美　私は二〇〇〇年代後半に広告代理店に入社してその間に経験したことや感じてきたこと、フェミニズムとの出会いについて著書『ぜんぶ運命だったんかい――おじさん社会と女子の一生』（亜紀書房、二〇二一年）に書いたのですが、二〇一九年以降はマインドの方向転換を図ってきました。広告代理店に限ったことではないかもしれませんが、会社組織は家族的というかイエ制度的な構造の上に成り立っていて、上司が親で先輩がきょうだい、同期が仲間みたいな価値観が強く、そこに居心地の良さを感じてもいたのですが、帰属しているとその構造を変えることはできないし、知らず知らずのうちに息苦しさという か、自分はこの家族の一員には永遠になれないのではと感じるようになりました。広告業界誌の記事などをめくれば、**同世代の男性たちは、そのまま仕事を続けて「おじさん社会」の価値観の継承者になっているように見えます。**コロナ禍を経てリモートワークが普及することで、従来のように顔を合わせて仕事をしたり、飲み会のようなコミュニケーションを通して組織への帰属意識や結びつきを確認したりする機会が少なくなっていったら、業界を支えてきた家父長制的な企業のあり方やその中での人との関係をこの先どのように担保できるんだろうか、と思います。

小林　私が広告観察をしながらSNSで投稿をしたり、広告に関連して新聞や雑誌などに記事を寄稿したりしていると、広告やメディア関係の企業でお仕事をしている二十代から三十代半ばの若い世代の方から直接声をかけていただいて取材を受けることがあります。それぞれにお話を伺っていると、所属している会社で上司にあたる四、五十代の人たちとの間での価値観の違いに悩んでいて、相談先や別の意見を請われているように感じます。この十数年の間に起きたメディアや広告産業の構造変化が大きくて、テレビや新聞、印刷媒体のようなオールドメディアに慣れ親しんできた世代と、インターネットとSNSの時代に成長してきた世代とでは価値観やものの見方が大きく異なっているということでもありますね。笛美さんの世代だとインターネットが普及していったのが中学生の頃だと思うのですが、広告の仕事を志すようになったのは、まだテレビCMに存在感と影響力があった頃ですよね。実際に仕事をするようになって、広告やメディアを巡る状況はどのように変化していきましたか?

笛美　そうですね、新人の頃は話題を集める面白いCMの制作を手がけているクリエイティブディレクター、サントリーやソフトバンク、JR東海のCMを手がけた佐々木宏さんなどの仕事に憧れていて、私もいつかそういうCMを作ってみたいと思って広告代理店に入社しました。私はコピーライター兼プランナーなのですが、大きなキャンペーンを手がけられるようになるには、下積みとして数年間は雑誌やパンフレット、小さなCMなどさまざまな仕事をします。インターネット広告(デジタル広告)の仕事も入社した頃からあって、それはキャリアの長い人よりも、若手に任せられることが多かったですね。デジタル広告を精力的に手がけていたのがサイバーエージェントのようなIT系ベンチャー企業の代理店で、その勢いに追随するために、二〇一〇年代後半に電通や博報堂のような大手代理店がデジタル広告の会社を立ち上げています。[3]

小林 広告産業のデジタル化に伴って、広告の担い手や広告に対する評価のあり方も大きく変わっていきますよね。

笛美 **下積みの時代から思っていたのが、デジタル広告の仕事がうまくいったとしても、それを評価することができる人が業界内にあまりいないことなんです。**つまり、ポスターやCMのような仕事で、名言のようなコピーを作ってきた人にとっては、デジタル広告をどう評価したら良いのかわからないように私には見えました。当時私はコピーライターとして、TCC（東京コピーライターズクラブ）で高い評価を受けて賞を取りたかったので、そのことを意識しながら仕事をして良いコピーを書きたいと思っていましたけれども、デジタル広告の観点から見たら、テレビCMやコピーライティングの仕事は伝統芸能のような感じですよね。ブロガーやSNSで発信力を持ったインフルエンサーがインターネット上で注目されて社内でも話題になっていたので、広告のあり方はこれで良いのかな、と思うようになりました。もちろんインフルエンサーの存在も大きいですが、CMプランナーやコピーライターという広告制作におけるプロの存在や職人技のような技術も大事だと今でも思っています。

小林 『広告&CM年鑑』のような書籍では、アートディレクター、プランナー、写真家、コピーライターとして制作に携わった人の名前が明記されますよね。確かに、作り手がきちんと評価される仕組みは大事ですね。

広告業界のジェンダーバランス

笛美　広告業界の中での「評価」のあり方が変わってきているなと思ったのが、二〇一六年にTCCのポスターに対してちょっとした炎上が起きた時ですね〔図1〕。このポスターには秋山晶さんや仲畑貴志さん、小野田隆雄さんという大御所コピーライターを室内で撮影した写真に「誰に、ほめられたいんですか？／「いいね！」と仲間うちにほめられるのも／嬉しいんでしょうけど、／本当は、誰よりも／一番厳しいあの人に褒められたいですよね？／TCCでは、最高かつ最悪の審査員が手ぐすねをひいて、／あなたの応募をお待ちしています。」と、コピー年鑑2016の審査委員長がコピーライターに対しての応募を呼びかけています。「いいね！」は、実際の仲間内からの評価だけではなく、SNS上での好意的な反応も含むものと読み取れますが、権威ある巨匠コピーライターから認められてこそ本物のコピーライターだ、というメッセージですね。当時の私はこういう大御所の人から認められたい気持ちでいたのとフェミニズムを知らなかったので、なぜこのポスターが炎上しているのかがよくわからなかったんです。これは、新しいコミュニケーションの手段が普及していっている時代に、広告のメッセージの受け手ではなく、コピーライターの業界内部の権威を重んじる旧態然とした意識や、広告業界のオールドボーイズネットワーク的な構造があからさまに見えることが相まって反感を買ったんだと思います。現在でも『ブレーン』や『宣伝会議』のような**広告の業界誌で紹介されるのは、ほとんど電通ときどき博報堂のクリエイターで五十代、六十代の人たちが大物として大きく扱われていて、紹介されている人は私が入社した時期からほとんど変わらず、ずっとおじさんたちが居座っている状態です。**もちろん同年代の人も紹介されていますが、ほとんどは男性が

〔図1〕TCC2016 募集告知ポスター

占めてますね。才能があって尊敬していた女性のクリエイターの方もいるのですが、結婚や出産を経て辞めたりスター路線を退いていったり、心身を病んで業界を去って行ったり、広告業界は若い女性を意図的ではないにしろ使い捨てにする業界だと思います。

小林　笛美さんが仕事を始めた二〇〇〇年代後半に注目を集めたCMとして思い出されるのが、アートディレクターの大貫卓也さんが手がけた資生堂のヘアケア製品TSUBAKIの広告です。SMAPがCMソングを歌っていて、俳優、モデル、歌手など著名な女性たちがたくさん画面に登場し、サラサラの長い髪をたなびかせて、「日本の女性は美しい」とか「日本はもっと輝く」みたいなコピーが添えられていました。男性が女性を褒めるということが、女性の美しさをひたすら愛でて賞揚する構図として演出されたジェンダー表現は今見るとギョッとするような内容なのですが、そういった広告の作り手の意識やジェンダー観が未だに根強く残っていて、更新されていないのでしょう。一九四〇年代、五〇年代の生まれの巨匠と呼ばれる人たちの世代は、一九七〇年代からバブル景気時代の経験に基づいて仕事をしてきて、彼らが培って良しとしてきた価値観は今も揺るがず、現在もその出涸らしのようなものが残っているということですね。

笛美　私が入社した頃の上司はバブル期入社の人が多かったですが、景気が良かった時代の記憶や経験がベースにあるので、その価値観が一時期においてのみ有効だったことに気づいたり、相対化して捉えたりすることが苦手なんですよ。近年ジェンダー平等をテーマにした広告が炎上することがありますが、根底にはそういった価値観が若い世代にも継承されている問題があると思います。若い女性を職場の花やセクハラ要員にするような価値観が染みついた環境の中に長くいて、『広告&CM年鑑』に掲載されて高く評価されている広告を参照したり学んだりしながら、上司から評価される広告を作っていたらその価値観が繰り返されて、再生産される構造になるんです。こういった構造的な問題がある環境の中で仕事をしていると、その中で思考回路が固まってしまいます。フェミニズム的な観点や他の価値観を取り入れた広告を作るには、思考回路の大転換が必要ですし、組織内やクライアントとの関係もあってかなり難しいと思います。私の場合は、フェミニズムに関するメッセージの発信は、広告の仕事を通してではなく、Instagramでの自分の表現、社会活動として行なっています。**今の広告業界の構造の中で、ジェンダー平等を打ち出す広告を作ろうとしてもうまくいくはずはなくて、根本的な構造の大転換が必要だと思います。**

小林　旧態依然とした価値観が再生産されて継承される構造は、広告業界に限らず、さまざまな企業や大学などの教育・研究機関にも共通している問題ですね。現在、指導的なポジションについている人たちが、その上の世代の人たちから目をかけられて出世して価値観を全くそのまま引き継いでいるわけではなくても、かなり内面化している。先ほどの「誰に、ほめられたいんですか？」のポスターで、「本当は、誰よりも厳しいあの人にほめられたいですよね？」と大御所を持ち上げているのは現在五十代の人ですから。そうやって、ホモソーシャルな構造が維持・再生産されていくわけですね。このようなホモソーシャルな構造を指摘するために、笛美さんは広告業界のジェンダーバランス数値を調べられたそうですね。

笛美　はい、すべて二〇二〇年度のデータになるのですが、広告業界を「評価」「育成」「管理」という観点からジェンダーバランス数値を調べた結果、意思決定層が大幅に男性に偏っていることがわかりました。東京アートディレクターズクラブ（ADC）、日本グラフィックデザイン協会（JAGDA）、東京コピーライターズクラブ（TCC）の広告賞の審査員を調べると、女性の審査員はそれぞれ四％〔図2〕、一三％〔図3〕、一九％（一

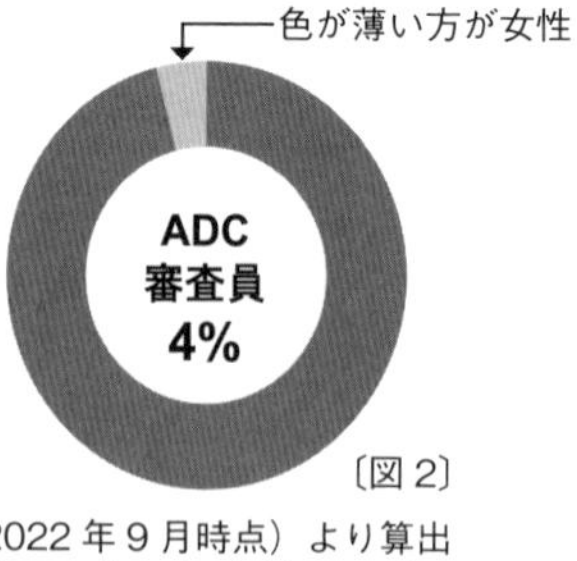

〔図2〕

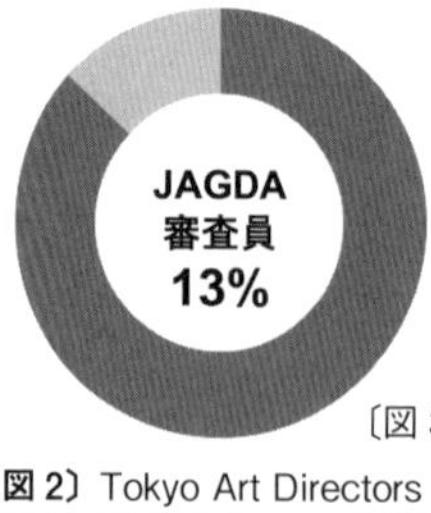

〔図3〕

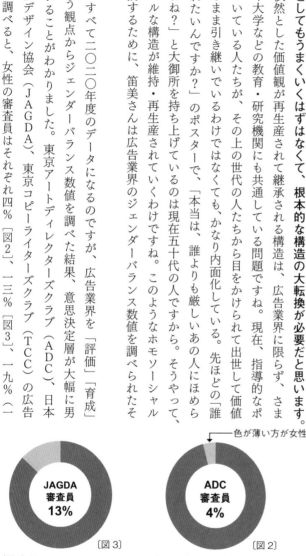

〔図2〕Tokyo Art Directors Club HP（2022年9月時点）より算出
〔図3〕日本グラフィックデザイン協会（2022年9月時点）より算出

次審査員は二五%）〔図4〕です。世界最大規模のクリエイティビティの祭典として知られるカンヌライオンズ審査委員長の四六%が女性〔図5〕ですから、いかに日本が男性に偏った評価構造なのかがわかります。受賞者の方に目を向けると、美術大学の学生は七三・五%が女性[4]〔図6〕ですが、JAGDAの新人賞で女性は二五%〔図6〕で、JAGDA賞では女性は一〇%〔図7〕です。TCCは新人賞では五六%が女性[5]〔図8〕ですが、TCC賞では二二%〔図9〕とJAGDA賞と同様に減り、女性のキャリア継続の難しさが反映されているように思います。また、「育成」という観点からみると、電通インターン「アイデアの学校2022」[6]と宣伝会議クリエイティブ・ディレクション講座において、講師は男性のみですし、[7] THE CREATIVE ACADEMY クリエイティブ・ディレクション講座では、講師の三〇%は女性ですが、職種がクリエイティブディレクターの女性はひとりだけでした。[8] マネジメント層に目を向けると、電通九%、[9] 博報堂八%、[10] サイバーエージェント二二・三%、[11] 上層部に行くほど女性の占める割合が激減します。海外の代理店の女性マネジメント層が四割から六割を占めていてジェンダー平等が達成されているのとは程遠いです。クリエイティブ系、とくにアートやデザイン分野の人は、ずっと「才能で評価される」世界で生きてきたからか、女性であることを言い訳にしたくないと感じているからか、こういう話を持ち出してもピンとこなかったり、評価されないのは自分に努力が足りていないから、と考えがちです。また、クリエイティブ系で厄介なのは、お洒落でセンスが良くて柔らかい雰囲気があるので、一見するとマッチョで女性差別がある業界とは感じられないところだと思います。

小林　笛美さんが行ったリサーチは、芸術業界におけるジェンダーバランスの調査を行なっている「表現の現場調査団」の活動に通じるものがありますね。[12] 本来は政府、公共の

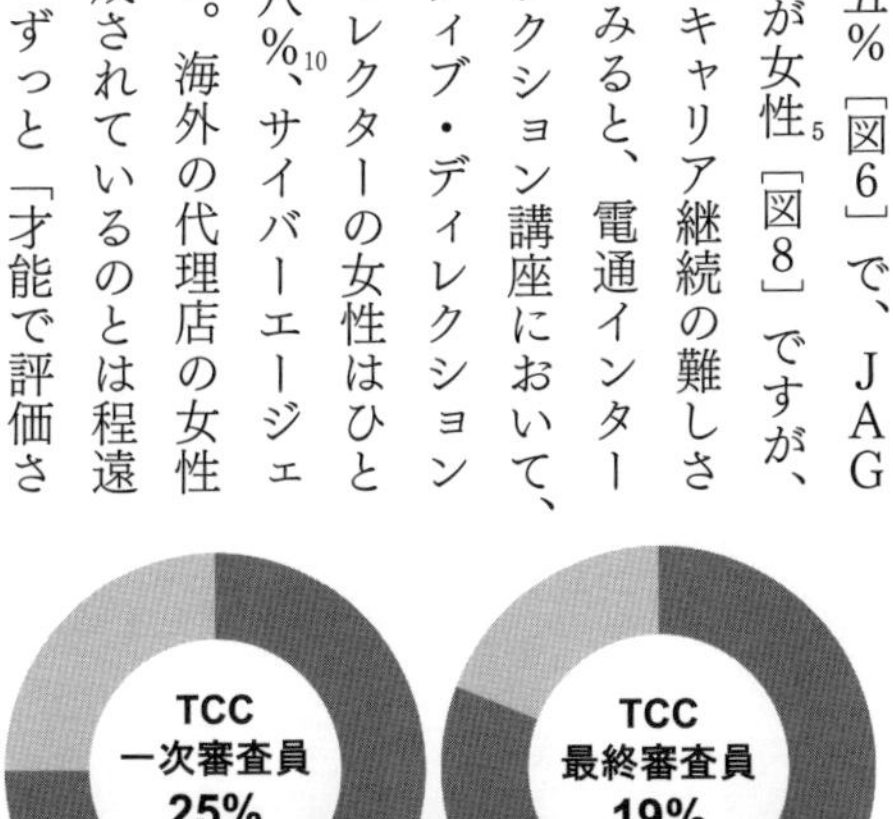

〔図4〕

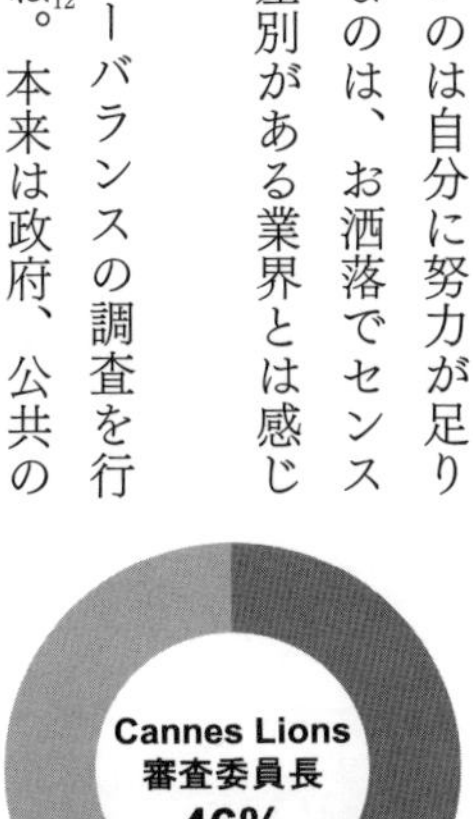

〔図5〕

〔図4〕 TCC2022受賞作品（2022年9月時点）より算出
〔図5〕 Cannes Lions The International Festival of Creativity HP より算出

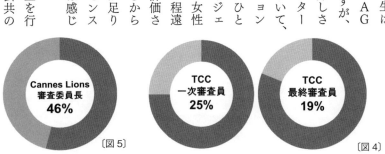

調査機関がきちんと調査を行い白書や報告書を制作して公表すべきものなのですが、さまざまな職種でのジェンダーバランス実態を調査することを怠っています。このような広告業界でジェンダーギャップが根深く残っている一方で、テレビＣＭや新聞広告のようなオールドメディアでの広告の価値観がもはや時代遅れになっていて、消費の駆動力として以前のようには影響を持たなくなっているという実情もありますし、商品の所有に繋がるモノ消費よりも、サービスの利用や、美容や脱毛、オンラインゲームや映像配信など、サービスへの課金やサブスクリプション型に変わっています。産業や消費の構造が大きく変化していく中で、広告や宣伝の担い手も変化して、発信力のあるインフルエンサーの役割も重視されるものの、その影響力を従来の広告産業の担い手が評価できないという実情もありますよね。

笛美　とくに年配の広告業界関係者にとって若いインフルエンサーの持つ力を測る物差しや価値観を持つのが難しいのかもしれませんね。マス広告とデジタル広告の作風はどんどん違ったものになっていく気がします。新聞の一面広告は、今でも広告の華として扱われることもあるのですが、とくに若い世代の購読率はどんどん減っていますよね。でも、新興のデジタルメディアの方では、若い人は見ているけれど、逆に広告の表現をいかに磨き上げていくかとか、広告をいかに評価するかという枠組みがまだ発展途上のように見えます。[13] エロ漫画広告のような代理店が介在しないインターネット広告が跋扈するのには、インターネット広告を評価・管理する仕組みができていないということも背景にあるのかもしれませんね。

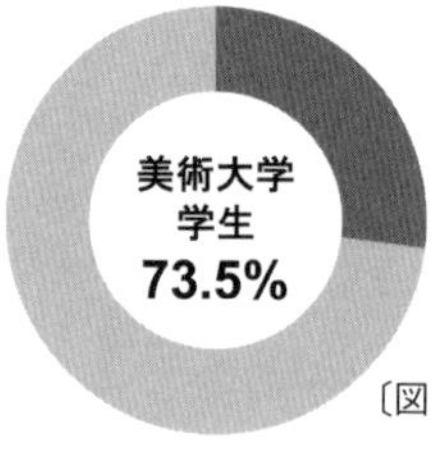

〔図 6〕

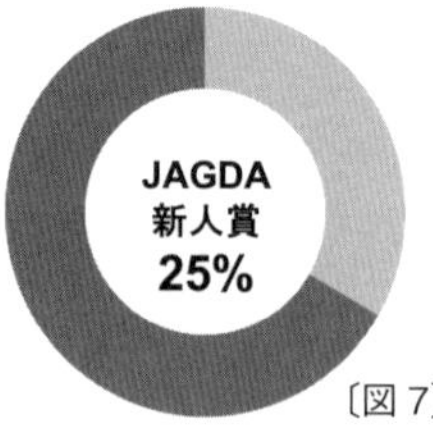

〔図 7〕

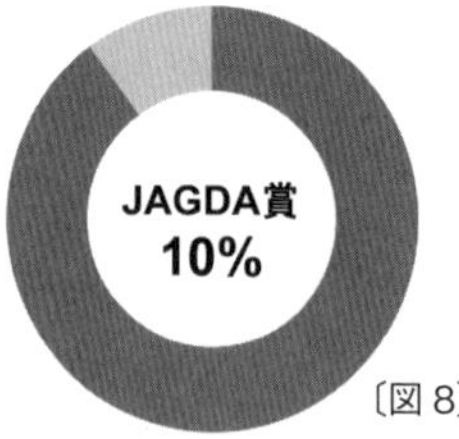

〔図 8〕

〔図 6〕 表現の現場調査団「ジェンダーバランス白書 2022」のデータに基づき作成
〔図 7〕 日本グラフィックデザイン協会 HP より算出
〔図 8〕 日本グラフィックデザイン協会 HP より算出

広告産業の構造変化——世代による分断と乖離

小林　二〇二二年にオンラインイベント「モヤモヤ広告お焚き上げ!!：ネットに漂う差別と偏見」を笛美さんと一緒に企画して、笛美さんはInstagramのフォロワーから寄せられた数々の「エロ漫画広告」を元に、「エロ漫画広告とは、ブラック労働で疲れた人々の視線と指を誘うべくネット上に張り巡らされたデジタルルアーである」と定義し、「シス男性向け」「シス女性向け」と分類した上で、美容や脱毛などのコンプレックス広告と関連づけ、漫画の根底にあるジェンダー観と、それらがメジャーな広告に与える影響、ブラウザ上にエロ漫画広告が表示される仕組みとしての「アドネットワーク」、海外と日本の広告規制の違いについて分析・解説してくれました。このイベントを通して、インターネット上で至るところに現れるエロ漫画広告やエロ系コンテンツの中に含まれるミソジニー的な表現とそれらが流通する構造と問題点を理解することができました。エロ漫画広告がスマートフォンを使う人たちの注意を引きつけ欲望を喚起し、サービスやコンテンツの継続的な消費に向かわせると想定されているのですが、広告の作り手も、受信者もそういうふうに欲望が作動すると勘違いさせられているのではとも感じます。エロ漫画広告にも関連してきますが、課金制のオンラインゲームやスマートフォンのゲームアプリの広告はどんなふうに増えていったのでしょうか。

笛美　私が仕事を始めた頃はスマートフォンが登場した時期でした。スマートフォンがゲーム機でもあることが宣伝され、二〇一〇年代初頭からゲームアプリの広告は急増しています。二〇一〇年代半ばから終わり頃の代表的なテレビCMで言うと、「白猫プロジェクト」（コロプラ）、中居正広が出演していた「アイドルマスター シンデレラガールズ スター

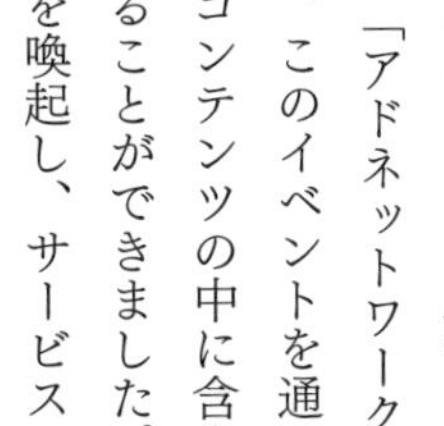

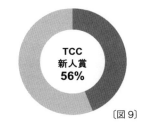

〔図9〕

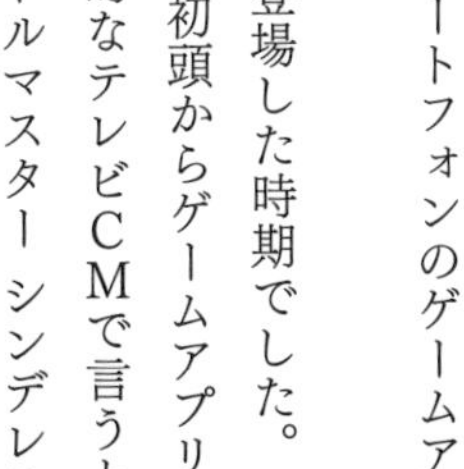

〔図10〕

〔図9〕TCC2022受賞作品より算出
〔図10〕TCC2022受賞作品より算出

ライトステージ（略称：デレステ）」（バンダイナムコ）、嵐が出演していた「パズル&ドラゴン（略称：パズドラ）」（ガンホー）などを覚えています。広告のクライアントは時代とともに変化して、以前は自動車や家電、コンシューマー材がCMクライアントの中でもトップを占めていましたが、携帯電話会社の広告が増えた後に、ゲームアプリの広告、Netflixのような配信サービスがスター商品になってきたという流れがあります。

小林　現在（二〇二三年三月）、渋谷駅のハチコーボードの上のビルボードにはNetflixとSoftBankの広告が掲出されていますね。このようにコンテンツ産業や通信産業関連の企業がクライアントとして大きな位置を占めるようになってくると、広告代理店の担う役割も変わっているのでしょうか。

笛美　クライアントとして大きな位置を占める企業が変わっていっても、広告代理店はこれまでに培ったノウハウを生かすことも多いですし、コンテンツ系の広告になると、そのコンテンツをいかに使うかということをクリエイターが担うことになります。現在はアイドルとかキャラクターを応援するファンをターゲットにする「推し活マーケティング」が盛んですが、その場合クリエイターの役割は、広告としてオリジナルのストーリーを作り出すことよりも、アイドルやキャラクターの魅力をより引き出すことや、ファンダムを盛り上げることに力点が置かれます。

小林　「推し活マーケティング」については、4章「「デキる男」像の呪縛を解くために」の中で、欧米のハイブランドが化粧品やスキンケア製品のPRで、K‐POPのアイドルをブランドのミューズ、アンバサダーとして起用する近年の傾向について言及しています。著名人がCMに起用されるタレント、モデルとしてだけではなく、ミューズ、アンバサダーという呼び方とともに広く知られるようになったのもK‐POPの流行と関連しているかもしれませんね。

笛美　アンバサダーやミューズという呼び方自体はそれ以前からもありましたが、従来は白人女性のモデルや俳優が担ってきた役割を、アジア系のセレブが起用されるようになって、身近なものとして認知される言葉になったと言えるかもしれません。大御所のクリエイターたちは、広告業界で好まれる作風やブランド独自の世界を作り出すことには長けていると思うのですが、「推し活マーケティング」の場合は、推されている人の世界観を守ることの方が大事だと思うんですよね。だからクリエイターに求められる技術も違ってくるように思います。「推し活マーケティング」の傾向は、Instagram の普及で、アイドルがインスタライブなどを通してファンと交流を図ったり、インフルエンサーが注目されるようになったりしたこととも結びつきますね。若い人の間でヒット曲が生まれるのも、TikTok やアニメの主題歌を通してですから。テレビＣＭを通してヒット曲が生まれるということもなくなりましたし、テレビの作り手も視聴者も高齢化していって、若い人の活動がテレビを通して注目を集めることが難しくなってきている背景もあると思います。

小林　TikTok のような動画中心のソーシャルメディアで若い人が遊び感覚で何かを流行させたとしても、それを上の世代がキャッチアップして評価することは難しいですよね。広告に限ったことではありませんが、世代による分断が進行していく中で、若い人の遊びのような感覚や表現を通して何らかのコンテンツが流行するときに、それを従来の価値観や観点から評価することは、もはやさほど有効ではなくなっているわけです。その上オンライン環境では、ひとつひとつのコンテンツに費やす時間はどんどん短くなっていて、次から次にコンテンツを消費させられる環境に身を置くのもきついですね。デジタル広告にせよ、テレビＣＭや公共空間の広告にせよ、日常生活がなぜここまで広告に埋め尽くされるようになっているのか、改めて振り返ってみるべきなのかもしれません。

広告産業の肥大化と公共性の欠如

笛美　広告業界で仕事をする中でフェミニズムに出会うことで、広告の中に含まれるメッセージ、たとえば「家族の絆」のような良きものとして受け入れられる価値観に対して違和感や疑問を抱くようになりましたし、脱毛や美容整形の広告など、広告の存在自体に受け入れ難いものを感じるようにもなりました。広告には、人々の生活を豊かにする素晴らしい部分もあると思います。日本の文化であり、クリエイターたちに活躍の場を与えてきたことも素晴らしいと思うのですが、広告ばかりがすべてになったら凄く虚しい社会になると感じています。業界は広告中心に仕事をしていますが、それ以外の部分が強くならないといけないし、**広告だけに文化のすべてを担わせてはならないと思います。**東京五輪が最たる例ですが、広告ありき、企業の事情ありきだと、全体としてののびやかさが失われてしまう気がしています。広告代理店が大きくなりすぎてしまったと思います。**広告だけが偉い顔をしている国は駄目ですよ、本当に。**

小林　また、その偉い顔をさせている人たちが時代遅れすぎるわけですよね。商業広告以外でも、公共の広報ポスター、たとえば警視庁（テロ対策、拳銃・麻薬取り締まり、交通安全月間）や消防庁（火災予防運動）のポスターで芸能人をイメージキャラクターとして起用して制作されたポスターが街中に掲出されているのを見かけたり、タレントが一日警察署長を務めたことがニュースで取り上げられたりしますが、芸能とメディアがくっついたキャンペーンが公共広報として成立し、全く違和感なく受容される仕組みが出来上がっていて、長らく定例化、恒例行事化したものを見直して辞めるという発想は出ないですよね。人気のあるアイキャッチになるタレントを公共広報で起用することが、市民にとって親しみやすい表現とみなされて、無批判に受け入れられているのが日本の現状です。

笛美　それは公共性に対する意識の低さの現れですよね。こういう意識の低さは日本でクライアント企業の自立性が低くて広告を制作する際に代理店に依存してしまう構造にも一因があると思います。海外だとクライアント企業の担当者が広告に詳しくて方針を決定する主導権をもって、クリエイティブやメディアの発注先を選んで使いこなすんですよ。日本の企業では社内異動で広告の担当になった人が、代理店にすべて丸投げしておんぶに抱っこ状態で広告を制作するケースも多いので、クライアント、代理店、メディアが依存関係になっていくわけです。公共の広報ポスターの制作の場も、もしかしたらそういった傾向があるのかもしれません。こういう構造を目の当たりにすると、**この国では誰も公共というものを知らないのではないか、公共がどれほど大事かわからないから、面白ければいい、売れればいいという感覚で公共的な広告を扱ってしまうのではないかと思います。**

小林　公人の最たる存在であるべき政治家がワイドショーに出演してコメンテーターのように振る舞うことも、公共性に対する意識の低さの現れですよね。日本維新の会と吉本興業の結びつきが深いことはよく知られていますが、吉本興業は電通と組んで事業展開を行い、芸人の育成や興行だけではなく「よしもと住みます芸人」のような地方創生の仕事（二〇一一年から）や沖縄映画祭のような国の大きな事業に関わって経営を安定させて事業を拡大させています。地方行政において、公共のお金が回らない部分を、メディアや企業と結びついて補うことと、それに伴う相互にズブズブの依存関係は尾辻かな子さんも指摘されています（本書一五一頁参照）。

政治と広告代理店の結びつきといえば、小泉内閣の郵政民営化のキャンペーン（二〇〇一年）も電通が深く関与していますし、笛美さんが冒頭で挙げた電通出身のクリエイティブディレクター佐々木宏氏は、二〇一六年のリオ五輪の閉会式で当時の安倍晋三首相をスーパーマリオ役でサプライズ登場させる演出を行っています。佐々木氏は後に東京五輪の開会式で渡辺直美をブタとして演じさせるプランを提案し、関係者から批判を受けて撤回に追い込まれたことでも知られています。

笛美　安倍晋三・安倍政権を題材にしたドキュメンタリー映画『妖怪の孫』（内山雄人監督、二〇二三年公開）の中で描かれていますが、安倍晋三は任期中にさまざまな手法を駆使してキャンペーンを展開した政治家だったと思います。この映画を見るとよくわかりますが、安倍晋三は人に良いイメージを与える天才でもあって、「やってる感」の演出に長けていました。つまり、実際にやってるかやってないかではなく、そのイメージである「やってる感」を作り出すこと、それが広告的なんですね。その「やってる感」にみんな騙されたかったのかな、その方が辛いことを忘れられて楽だったのかな、この映画を見てそんなふうに感じました。東日本大震災後の二〇一二年に第二次安倍政権になって、「アベノミクス」を経済政策として掲げ、「女性活躍推進」を謳っていたわけですが、その当時、私は社会人として頑張ろうとしていた時期だったので、「すべての女性が輝く社会」というフレーズを真に受けて、「輝く女性」になれると思っていましたから。その後、婚活に取り組んだり、子どもを産むための努力をしたのですがそれがあまりにも辛すぎてこのやり方は自分には違うんだと気づきました。

小林　私は東日本大震災の直前に出産して、第二次安倍政権時代を含む二〇一〇年代から現在に至るまでは、子どもを育てながら、自分が育てられてきた価値観や社会への信頼感が根本から崩れ、政治への不信感を強め、憤ることの繰り返しだったように感じています。二〇一六年に「保育園落ちた日本死ね!!!」という待機児童問題の切実さを訴える匿名のブログ記事が話題になりましたが、いわゆる「保活」については私も近い経験をしていたので共感しましたし、二〇一四年に「女性活躍推進」キャンペーンの一環でブログが開設され、安倍晋三の写真に「ＳＨＩＮＥ！　すべての女性が、輝く日本へ」と添えられていて、それを見て「死ね！ってことかよ」と悪態をついた記憶があります。

広告で培ったノウハウを政治への関心喚起に生かしたい

小林　笛美さんは「輝く女性」になれると思っていた時期から本当に大きく方向転換されたんですね。Instagram や Twitter を通して政治やフェミニズムへの関心を呼びかける現在の笛美さんの活動について教えていただけますか。

笛美　もともと二〇二〇年五月に Twitter デモの「#検察庁法改正案に抗議します」というハッシュタグが大バズりして、声を上げるのは無駄じゃないのではと思いました。それ以前の二〇一九年一月から Twitter を通して広告のジェンダー表現に関する批評活動は展開していて、そういった投稿も結構見られているという手応えはあったんですよ。その当時は、広告に対してそんなふうに思うのは自分だけかもしれないから言葉として残さなければならないと思ったんですね。当初は追い詰められた気持ちで批評活動をしていたのですが、Twitter 上で反応があり、著書に広告業界内外からの反響が大きかったことから、そう思っているのは自分だけではない、と実感するようになりました。

私は、今は政治に関心がない・関心が薄い人が動いた方が世の中が動くんじゃないか、そういう人たちを「エントリー層」として捉えた上で、私が広告の仕事で培ってきた「認知を獲得する・注意を喚起する」ノウハウを使って訴えかけたらよいのではないかと思っています。SNSだったら媒体費は必要ないですし、クリエイティブの力でできることもあるんじゃないかと思って、色々実験しています。正直もっとよくできる、うまくできる、十万人ぐらいフォロワーがほしいとも思いますが。若い世代の人がソーシャルメディアを使った活動をさまざまに展開しているのも頼もしいです。日本で残念なのは、かつての私がそうであったように、学歴もあって職歴もある人が無知な状態に置かれることだと思っていて、いわゆるエリートとされる人がそんな状態に置かれることの危険性を感じてます。地位や学歴がある人が理不尽な社会構造の言いなりになってしまって、結果的に自分を苦しめてしまうのを経験したことで、そういう状態では本当はみんなが持っているはずの考える力や知る力が発揮できない気がしていて、みんなに考える入り口ぐらいは提供したいと考えています。

小林　既に持っている力に気づいて発揮できるようにする、それこそが本来の意味でのエンパワメントですよね。広告観察をする中で危惧したのが、東京五輪のキャンペーンでアスリートやモデルなどの表象を用いて「強く美しい女性」を称揚する中で、「強い女性は強い」といった（同語反復的な）表現が量産されたこと、つまり「エンパワメント」を「能力強化」として誤読させるような表現が多かったということなんです。「ガールパワー（girl power）」を「女子力」と言い換えるような、言葉の意味を変質させること（本書五七頁参照）が広告の中で頻発しがちですね。

笛美　広告の中でその言葉の使い方どうかな、っていうのはたくさんありますよね。たとえば、「自分らしく」とか「突き抜ける」。「自分らしく」は女性向けの広告に使われがちで、

「突き抜ける」は男性向けの広告に使われがちです。「突き抜ける」と言っても、権力に逆らうわけではなくて、周りを出し抜いてトップに駆け上がるといった感じで使われがちです。女性向け広告の中では髪型やコスメの色のような些細なところにしか「自分らしさ」を表現することが設定されていなくて、たとえば今ある価値観にものを申したりすることは「自分らしさ」に入っていない。「自分らしさ」という言葉は使われすぎて効かない薬のようになってますよね。「自分らしさ」という言葉を使って「個性を発揮しましょう」と言いながらも、制服やスーツを着た人を登場させて学校や職場のような既存の社会構造の中に「正しく存在すること」を求めて、その中に呑み込むような表現の広告が受け入れられやすいですよね。ポカリスエットの広告は、そのような表現の代表例だと思うのですが、そういうふうに描写された世界を見ると、暗澹たる気持ちになります。

小林　先ほど笛美さんは、「広告だけに文化のすべてを担わせてはならない」と言われましたが、私も全く同意です。広告の中で繰り返し描かれている「既存の社会構造に組み込まれて、正しく存在すべき」という規範的なメッセージに対して、息苦しく感じたり、違和感を抱いたりすることを広告代理店の中で発言するのはとても難しいでしょうね。恐らく、その発言を理解されずに、組織の中で孤立してしまうことになりますから。また、広告の表現について考えを深めたり、異なる視点から捉えたりするためには、広告以外の、時代や地域の異なるさまざまな表現に触れることもとても大事だと感じています。新しいことを学んだり、深く考えたりする人が、その新しい知見を生かして社会に変化を起こすためには、帰属組織に囚われずに、個人同士として連帯することがとても大事なのではないかと考えています。ＳＮＳを通した笛美さんの活動は、そういう連帯への道を切り拓くものになるのではないでしょうか。

笛美（ふえみ）
広告業界で働くかたわらＳＮＳでフェミズムや社会問題について発信。著書に『ぜんぶ運命だったんかい：おじさん社会と女子の一生』（二〇二一、亜紀書房）がある。

註

1 北原利行「「２０２２年 日本の広告費」解説――過去最高を15年ぶりに更新する7兆円超え。インターネット広告は3兆円を突破」（電通報、二〇二三年二月二十四日掲載）
https://dentsu-ho.com/articles/8492

2 「インスタグラム、月間ユーザー3億人を達成　ついにTwitterを超える」（TechCrunch Japan、二〇一四年十二月十一日）
https://www.huffingtonpost.jp/techcrunch-japan/instagram-300-million-user_b_6306082.html

3 電通デジタルは、二〇一六年七月に設立。博報堂のデジタル広告会社、博報堂ＤＹデジタルは二〇一九年にデジタル・アドバタイジング・コンソーシアムと統合。

4 「教育機関（東京藝術大学＋五美術大学の合計）２０２０年」（表現の現場調査団「ジェンダーバランス白書２０２２」二五頁）
https://www.hyogen-genba.com

5 ２０２２年度 ＴＣＣ賞（東京コピーライターズクラブＨＰ）
https://www.tcc.gr.jp/2022年度-tcc賞/

6 株式会社電通採用ページ、宣伝会議クリエイティブ・ディレクション講座より算出。参考までに、二〇二三年では熱狂クリエイティブコースの座長が女性になりました。他コースの座長と校長、副校長は男性、三コースの講師は合計十九人で、うち七人が女性となっており、改革意識が見られます。

8　THE CREATIVE ACADEMY ホームページ「クリエイティブディレクション講座」より算出。
https://www.career.dentsu.jp/intern/2023/

9　電通ホームページ　従業員構成より算出。

10　博報堂ホームページ　従業員構成より算出。

11　サイバーエージェントホームページより算出。

12　表現の現場調査団　https://www.hyogen-genba.com/

13　一般社団法人ＡＣＣが主催するTOKYO CREATIVITY AWARDSでは二〇一四～二〇一七年にインタラクティブ部門が設立され、最新技術を利用した広告が審査されるようになりました。二〇一八年以降は時代にあわせ、部門がより細分化されました。

※グラフ（図2～10）は笛美さんにご提供いただきました。

7

対談：広告と公共性

消費者教育のためのメディアリテラシー

尾辻かな子×小林美香

尾辻かな子さんは二〇一三年に参議院議員、二〇一七年に衆議院議員に当選し、どんな人でも安心に暮らせる社会を目指して、社会保障制度の確立、共生と包摂、教育の重要性などを国会議員として二〇二一年まで訴えてきました。二〇二二年十一月、尾辻さんが大阪駅構内に掲示された少女が性的に描写されたゲーム広告についてTwitterで批判したところ、「炎上」案件として話題になりました。このような広告については、「性的な描写」という表象を巡る問題として取り上げるだけでなく、十代を狙った美容整形、ゲームの課金制度など、日本では消費者（とくに未成年）が守られていない状況が背景にあることを認識して考えなければなりません。尾辻さんが政治家として問題視してきた事例を中心に、私たち消費者がどのような環境に晒されているのかということに向き合い、消費者教育としてメディアリテラシーを高める必要性について考えました。

ゲーム広告と美容・脱毛広告の共通点

小林　二〇二二年十一月、尾辻さんはＪＲ大阪駅御堂筋口に掲出されたスマホゲーム「咲-Saki-全国編×雀魂」[1]のコラボ広告に対して違和感を抱き、Twitterでその感情を表明したところ、[2]「炎上」案件として注目を集め、熾烈なオンラインハラスメントを受けるまでに至りました。この広告について事実関係を整理しておきましょう。御堂筋口改札を出たすぐそばにある十二本の柱、計四十八面に、ゲームに登場するキャラクターがバニーガール、幼い少女、制服を着た少女として描かれていていました［図1］。各ポスターは、それぞれの名前のプレートでお尻を部分的に隠すような処理を施されながらも、柱のそばを通ると、女性たちの脚や腰回り、あらわになった背中が嫌が応にも視界に入るような高さ

〔図1〕JR大阪駅御堂筋口に掲出されたスマホゲーム「咲-Saki-全国編×雀魂」のコラボ広告（2022年11月）

に設置され、執拗な視線が身体へ繰り返し投げられる環境が広告で作り出されていました。このコラボ広告はほかの駅にも掲出されましたし、御堂筋口改札には、それ以前と以後（二〇二二年十月、二〇二三年一月）にも同じゲーム開発会社 Yoster が運営する「ブルーアーカイブ -Blue Archive-」というゲームの女性キャラを大々的に押し出した広告が掲出されていたのですが、その時には尾辻さんが行ったような指摘はされず、「炎上」という形では話題になりませんでした。首都圏でも同様にゲームの広告が大々的に掲出されているのを頻繁に目にすることからも、ゲーム産業の規模がとても大きいことがうかがえますし、これらの広告の性的な表現が駅のような公共空間に相応しいのかということはさまざまな角度から議論されるべきでしょう。

尾辻　私は地下鉄からＪＲに乗り換えようと思った時にこの広告を見たのですが、最初にバニーガール姿の女性が背中を向けているのが目に入って、一体何なんだ、何の広告なんだとギョッとしたんですよね。女の子のキャラクターは高校生という設定なのですが、皆が利用する場所で、女子高生がこういう姿で消費されることを日本社会は良しとしている、それでいいのだろうか？　という気持ちがありました。大阪駅は、大阪の玄関口として知られ、コロナ禍以前は、海外からの観光客を多く迎え入れている駅として知られていましたし、現在も非常に人流の多い場所です。Twitter でこのことを指摘したのですが、一日以上経ってから反響の多さに気づきました。インプレッション数が約二五〇〇万回と桁違いだったので、これまでとは違う拡散のされ方をしていることに驚きました。その中でさまざまな論争が引き起こされましたが、それによって（ゲームやアニメ愛好家と性的表現の広告を批判的に見る人の）対立に繋がったのかと危惧するところもありますし、広告表現は近年どのようになっているのだろうと思うところもありました。

小林　「萌え絵」の性的描写が炎上するということは過去に何度もありました。ゲーム広告の場合、漫画の流用や萌え絵キャラの女性の性的描写の問題と重なるところもありますが、運営・出資に中国や韓国など外国の企業が多く関わることとその経済規模も指摘しておきましょう。中国では、二〇二一年に政府によって、未成年に対してプレイ時間を抑えるような厳しいゲーム規制が施行され、中国国内のユーザだけでは運営が立ち行かなくなりました。そのため、規制のない日本のユーザがターゲットとなった背景があり、ゲーム関連の広告が激増しています。[3]このような経緯から、ゲーム広告の中でキャラクターの描写を「訴求する人たちへの十分な配慮を行いながら、適切な水準に落ち着かせることが重要だ。」[4]とコンプライアンスからの提言として指摘されることがあります。しかし、「十分な配慮」と「適正な水準」とは何で、誰がそれを決定できるのかが日本において検討されていません。このような状況下では、制作と掲出に関わるガイドラインにおいて女性キャラクターの誇張された大きな太もも、お尻のような性的な部位を面上の効果によって隠すという場当たり的な処置を行うことぐらいしか設定できないのではないでしょうか。首都圏のターミナル駅のゲーム広告の掲出状況からは、ゲーム会社が広告枠を長期で買い取る大型スポンサーになっている状況も見て取れますし、広告費収入に依存する公共交通機関の経営上の構造問題も含まれていることを鑑みると、女性の性的表象という表現に関わる問題を議論するだけでは足りないかもしれません。

　肌の露出に関しては、美容・脱毛広告の文脈でいうと、東京五輪のキャンペーンが多かった時期は、スポーツを連想させる演出を用いて女性の美しさと強さを結びつける表現が目立つようになり、肌を露出する方法が異性の視線を意識した「モテ」や「媚び」のニュアンスが控えられる傾向はあったと思いますが、現在でも可愛らしさを強調したり、男性向けのグラビアを連想させたりする表現が依然として多用されがちな傾向はありますね。

尾辻 「咲 -Saki- 全国編×雀魂」コラボ広告が、期間限定で「咲」のキャラクターを入手できることを謳っているわけですが、それはゲーム内の課金制度に関わっています。課金さえすれば望みのキャラクターを手に入れることができるゲームの賭博性・依存性とも密接に結びついているわけです。日本と韓国は、ガチャに対する規制（ゲーム内のアイテム課金に対する規制）が緩くて、業界内では自主規制しか行われていません。（景品表示法に抵触するため）コンプガチャ[5]に対しては法規制が行われているとはいえ、ゲーム業界を成り立たせているのは課金制で、その収益が広告費に還元されているわけです。コロナ禍で交通広告が激減し、外食や旅行産業などが衰えた分、巣籠もり需要で業績を伸ばしたゲーム業界がバンバン広告を打つようになってきたことは、このような課金に対する規制の緩さと表裏一体の関係にあるんでしょうね。

小林 コロナ禍の一年目、最初の緊急事態期間中には首都圏の交通機関でも広告掲出量が激減し、四月から五月にかけてＪＲ渋谷駅のハチコーボードに四週間広告出稿がなかったことがニュースにもなりました。[6]このような時期の中で東京五輪の開催延期が決定され、二〇二一年の五輪開催の前頃から広告の量も戻ってきて、新宿ウォール４５６、クロス新宿ビジョンのような大型デジタルサイネージ広告が新宿駅構内と周辺に出現して話題になりました。動画を放映するデジタルサーネージは、アニメ、ゲーム、映画のような広告の表示にも頻繁に使われます。渋谷駅の再開発も進行していますが、都心の建造物と構造の変化によって、サイネージ広告の量が増大し、反復・切り替えのペースが加速していく流れが続いています。このような世の中の情勢の変化において、ゲーム広告と同様に若年層をターゲットにした美容・脱毛広告の方向性を特徴づけるものとして、民法改正により成年年齢が二十歳から十八歳に引き下げられたことは大きな意味を持っていたと思います。

公共広報と商業広告の境界の曖昧さ——狙われる若年層

小林　成年年齢十八歳引き下げの影響を感じたのは、十代を対象とする二重手術の美容整形広告が電車内に掲出されるようになった頃ですね。長引くマスク生活で、目の周りを見られることに対する意識が強くなったからでしょう。二〇二一年頃から車内広告でマスカラやアイライナーのようなコスメや、目の下のクマやたるみ取り、二重手術の美容整形の広告が増えていき、二〇二二年の四月前ぐらいから湘南美容クリニックが、制服を着た女子高校生を連想させる写真を使って「Teen 二重術」という広告を出すようになりました（本書四六頁参照）。二〇二三年に入って、湘南美容クリニックは「たった3年の高校生活　1秒でも長くカワイイ私で過ごしたい。」〔図2〕という高校生に二重手術を指南する広告を掲出して批判されていますが、美容整形・脱毛の広告の低年齢化は著しいものがあります。個別のクリニックではありませんが、ちょうど成年年齢十八歳引き下げの民法改正が施行された二〇二二年四月に韓国の美容医療情報アプリ「カンナムオンニ」が日本でサービスを開始し、渋谷駅のハチコーボードに広告が掲出されました〔図3〕。脱毛広告の文脈では、脱毛サロンのキレイモがアニメの「東京リベンジャーズ」とのコラボキャンペーンを「脱毛リベンジャーズ」と銘打って展開しています〔図4－1〕。「東京リベンジャーズ」は同時期に内閣府政府広報の成年年齢引き下げキャンペーンにも起用され、ウェブサイトやポスターを通して大々的に展開されました〔図4－2〕。このような商業的な広告のコラボ展開と、公共広報でのコラボ展開を並置してみると、相互に見分けがつかず、人気のある

〔図2〕湘南美容クリニック「Teen 二重術」の広告。キャッチコピーは「たった３年の高校生活　１秒でも長くカワイイ私で過ごしたい。」（2023 年２月）

アニメやエンタメコンテンツの表現に公共広報の表現が依存して良いのか、その是非も問われると思います。

尾辻　「東京リベンジャーズ」を起用した脱毛広告と内閣府広報の事例は、誰が広告をしているのかがわからないということが問題ですよね。成年年齢引き下げの民法改正案と消費者契約法の改正案は同時に国会で審議されました。それまでは未成年取消権があって、契約者が二十歳以下であれば、商取引の契約をその保護者が取り消せたのですが、成年年齢引き下げになるとそれができなくなるので、二〇一八年に消費者契約法を改正し、代替案を作ろうとしたのですが、その内実は不当とされる勧誘類型として二事項が追加されただけで、未成年取り消し権の代わりにはなりません。[7]成年年齢引き下げの広報をする同じキャラクターが、若者に対して見た目に対するコンプレックスを刺激して「脱毛しろ」と言っているわけですから、若者が食い物にされている現状が浮かび上がってきますよね。実際のところ、国民生活センターに寄せられる若者の美容・脱毛に関する契約トラブルの届け出は増えているわけですから。[8]

小林　ゲーム広告にせよ、美容・脱毛広告にせよ、カモにされているターゲットが同じく若年層で、そこが悪質だと感じます。先に挙げた高校生対象の二重術の広告が表現として問題なのは、「カワイイ私」のあり方を二重瞼という一元的な美しさの価値観の中に規定して、可愛くあることを至上の価値として押しつけていることです。さらに、スナップ写真風で、少女たちが見られていることを意識していない自然に見える写真を使っているところ、「見られる客体」として描いているところにも問題があります。コロナ禍の巣籠もり需要の中で、美容整形の需要も伸びましたし、家庭用脱毛器の広告にも幼い少女が使われていたり、業務用脱毛機でもキッズ（ジュニア）も顧客になることが謳われていたり、

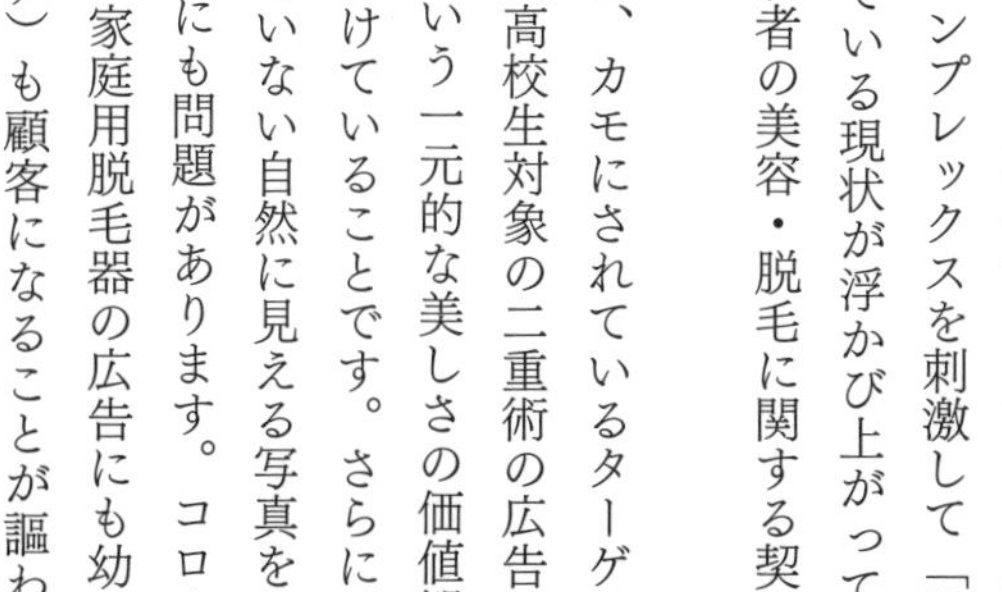

〔図 3〕JR 渋谷駅ハチコーボードに掲出された「カンナムオンニ」の広告（2022 年 4 月）

美容産業の消費者が低年齢化していることを危惧しています。子ども対象の美容・脱毛の広告では、「子どもの悩みを解決する方法を保護者に提供する」という表現で、保護者も巻き込んで誘導する方法も頻繁に見られます。

尾辻　消費者教育が全然足りていない状態の中で、マーケットが儲かれば良いと考えて、若者を狙っているんですよね。それに、どういう見た目でいることが望ましくて、周りから評価されるのか、ということが広告を通して刷り込まれている実状も怖いことですよね。

溢れる広告に対して、対策をしている国もあります。たとえば、ソウル交通公社は、二〇二二年までにソウル地下鉄の広告から美容整形広告を「全面的に禁止」する方針を打ち出すとともに、美容整形に限らず、広告そのものを一五パーセント減らすことを目標としました。[9] イギリスでは、二〇一九年から英国の広告基準協議会（ＡＳＡ）が、「深刻もしくは広範な被害」に繋がる可能性のある「性別にもとづく有害なステレオタイプ（世間的固定概念）」を使った広告を禁止したそうです。[10] ノルウェーでは二〇二一年にすべてのＳＮＳを対象に、広告主やインフルエンサーが写真を加工した際にはその旨を開示するよう義務づける法律を作りました。インスタグラムなどで出てくる写真のようになりたいと過度なダイエットなどをする、写真と比較して自尊心を損なうなどの悪影響が出てきたからです。[11] 同じ北欧、スウェーデンの中学教科書で『あなた自身の社会』という本があり、一九九七年に日本語訳が刊行されたのですが、その中には「広告の意図を読み取りなさい」という趣旨の内容が盛り込まれているんです。[12] 広告は欲望を掻き立てて、必要のないものまで売りつけようとする強い影響力を持つものであることを伝えて、経費の成り立ちも含めて教えるんです。溢れる広告は、消費の欲望を生み出し、過度な消費が地球環境の持続可能性を損なっていることも指摘されています。最近読んだジェイソン・ヒッケル著『資

〔図 4-1〕（右）東京リベンジャーズを起用した脱毛サロン KIREIMO の広告（2022 年 4 月）
〔図 4-2〕（左）東京リベンジャーズを起用した内閣府政府広報の成年年齢引き下げキャンペーンポスター（2022 年 4 月）

本主義の次に来る世界』（東洋経済新報社）では大量消費を止めるために、広告を減らすべきと提案されています。その中では、ヨーロッパ二十七カ国によるデータは、広告費と市民の幸福感・満足感は反比例していると述べられています。**日本だと、広告に対して非常に受動的です。消費者教育、メディアリテラシー教育が全くなされておらず、広告主の思惑通りに影響されていて、「面白い」とか「バズった」ということでしか話題にならない状態は問題ですし、日本もこうした広告の負の側面をきちんと調査研究していくべきだと思います。**

小林　ジェンダー表現とメディアリテラシー教育は、まさしく消費者教育に直結しますし、社会の中で個人がどのような存在として扱われているかを学ぶことでもあるんですよね。広告がどのように構築されているのかを意識していないで、広告が示す情報に呑み込まれてしまうと大変な被害を受けることがあると、子どもの頃から教えていくべきだと思うんです。美容整形・脱毛の広告では、大きな文字でキャッチコピーや格安のキャンペーンを謳っていて、その下にとても小さな文字で打消し表示（注意書き）が表記されている事例は多いですし、オンラインで発表しているプレスリリースも、客観的・具体的なデータを提示しているように見えて、その調査方法や調査対象が恣意的に選ばれているケースが散見されます。

尾辻　美容・脱毛広告で用いられる表記は、景品表示法に抵触しそうなものも見られますよね。初回の施術料金はとても安いのだけど、その後契約して施術を受けようとするとかなり高額な費用を要するのは消費者契約的に問題があって、実際に脱毛・エステの契約に関わるトラブルはとても多いです。

広告が塗り込める公共空間の景色と白人偏重の広告産業

小林　二〇二一年にPCR検査の広告を大々的に展開した、にしたんクリニックはもともと美容医療と旅行用通信サービス事業（イモトのWiFi）も手がけるエクスコムグローバル株式会社の傘下で現在は不妊治療のにしたんARTクリニックも開業しています。二一年六月に「たん、たん、にしたんクリニック！」というリズミカルなキャッチコピーでCMや車内広告と渋谷駅全体を埋め尽くすキャンペーンを展開していましたが、一社の広告が渋谷駅周辺全体の景色を塗り込めてしまうとてもインパクトの強いものでした。その後、十一月には宅配ポータルサイトの出前館がユーチューバーのヒカキンとはじめしゃちょーを起用して、同様に首都圏JRのターミナル駅構内・車内をジャックするキャンペーンを展開しています（本書四二頁参照）。こういった大型キャンペーンを目の当たりにすると、通信系サービスや医療法人の事業がどうしてここまで多額の広告費を注ぎ込むことができるのか、その得体の知れない影響力に呑み込まれてしまう怖さを感じます。湘南美容クリニックに話を戻しますが、二〇二〇年八月に、当時の菅義偉官房長官の意向により、機動隊のオリンピック用プレハブ宿舎を中等症のコロナ感染者の滞在施設とし、湘南美容クリニック（SBCメディカルグループ）が運営する計画があったと報道されました。[13]このような事例ひとつとっても、医療産業と政治が密接に結びついてネットワークを形成していることがうかがえます。美容整形や脱毛の事業体が、ただ特定のサービスを宣伝することのみならず、ほかの事業と結びついた影響力を持つものとして大量の広告を出し続けて、多くの人の視界に入ってくる存在でもあるということですね。私が美容医療や脱毛広告を見続けていて恐ろしいなと感じるのは、それらが美しさや健康に関わる価値観を刷り込むだけではなく、その知名度や影響力で何か別のものも売りつけてくるような側面があるからなんです。

尾辻　広告からは話が逸れますが、コロナになってある会社の消毒効果がないハンドジェルが誤認を誘うように販売されていたり、精度の低い抗原検査キットをばら撒くように売って利益を得ていたりするような場面がありました。[14]コロナ禍で利潤を出しているのがそういった利益至上主義の企業だという問題があります。このような広告の影響力を考えてみると、自立した消費者が育たない問題が浮かび上がってきますね。ゲームの広告について言うと、二〇一九年にＷＨＯ（世界保健機関）がゲームのやりすぎで日常生活が困難になるゲーム依存を「ゲーム障害」の診断名で国際疾病として正式に認定したのですが、[15]日本では依存症に対して政治による施策が非常に弱い状況なんです。アルコール依存症に関しても同様で、たとえばストロング系の缶酎ハイの依存性の問題も指摘されていても、規制はありません。[16]**日本の法律は、金儲けをしたい側、利益追求に偏っていて、消費者を守るようにはなっていないんですよ。私は国会議員として立法の側にいて、こんなに消費者の権利が弱い国は他にあるんだろうかと思いました。**

小林　コロナ禍になって、巣籠もり需要で増えた家飲み用ハードリカーの広告を駅構内で目にすることが増えました。お酒、ゲーム、脱毛の広告が並ぶような光景も目にするのですが、公共広告がさまざまなサービスや商品への「依存症」を作り出している状況を目の当たりにすると、背筋が寒くなる思いです。ところで、駅構内でよく見かけるのがローラを起用したエステティックＴＢＣの脱毛広告です。彼女は、二〇一三年から同社の広告に起用されていて、その際立ってくっきりとした目鼻立ちの視認性が高い容姿により、距離を置いて見ても識別でき、美しい女性の造形的・記号的な表現として重用されていることがうかがえます。複数の国（バングラデシュ、日本、ロシア）にルーツを持つローラは、いわゆる「ハーフタレント」、「ハーフモデル」と呼ばれる人たちの代表的な存在と言えますが、美容やコスメ、ファッションの広告は、白人、白人に連なるルーツのある「ハーフ」の人に偏っている傾向があります〔図5－1〕。以前、渋谷駅に掲出されていた美容整形外科自由が丘クリニックの広告に驚愕したことがあります〔図5－2〕。白人と思しきモデルの顔の写真を目と鼻と唇を強調するように縦にトリミングして並べ、「Universal Beauty（普遍的な美）」というキャッチコピーが重ねられていました。美しい容姿と白人という人種を何の疑念も挟まずに重ね合わせて崇めてしまう人種意識の持ち方が固定化している状況は怖いと思います。白人偏重の傾向は、女性のモデルに限りません。ファッションやビジネス関連の広告に登場する「デキる男」も白人男性が多いですし、育児関連のグッズ広告や知育・英才教育関係の雑誌・書籍の表紙に白人の子どもや赤ちゃんが登場するものも多いです。広告の中には素材写真と文面を組み合わせて作られるものが多いですが、素材写真のモデルは白人が多数を占めていて、それが広告の表象に反映されるわけです。このように白人をカッコいい、綺麗だと崇めてしまうような仕組みが広告産業の中で持続していること自体が批判されることはほとんどありません。その表現によって、誰かを貶めたり蔑んだりしているわけではないのですから。しかし、私はこの「批判されない」ということが問題であって、このような人種意識が、十代の人を二重術に向かわせるような美容産業の提唱する一元的な美しさの根底にあるのだと思います。

尾辻　最近「筋肉は裏切らない」みたいな言葉で筋トレが称揚されますが、スポーツジムの広告や筋肉美を誇る雑誌などでも白人男性はよく出てきますね。白人の顔に「Universal Beauty」と重ねる広告を海外から来た人が見たら、この国には人種差別を容認するよう

〔図 5-1〕自由が丘クリニックとエステティックＴＢＣの広告が並ぶ田園都市線渋谷駅構内（2021 年２月）

な風土があると受け止められかねません。確かにコロナ禍で心身弱りがちな状況ですから、意識して体を鍛えたり整えたりするのは大切なことではありますが、こういう白人に偏重したイメージを通してその価値観を受け取っている状況を振り返ってみると、あまりにも無批判に情報を受け取っていることがわかりますね。私は二〇一九年に、科学的根拠に乏しく批判を浴びている「血液クレンジング（血液オゾン療法）」について、厚生労働委員会で質問したことがあるんです。[17]「血液オゾン療法」は、美容クリニックで保険適用外の自由診療で行われて、芸能人や著名人がステマをして広めたことでも話題になったのですが、これは医療行為としては何の効果もないトンデモ療法なんです。[18]しかし、血液から若返る・美しくなる・より健康になるという効果がイメージ先行したこともあって広まり、私がこの質問をしたことがワイドショーでも取り上げられて大きな反響がありました。その時、美容には興味を持っている人がとても多いことに気づきましたね。

小林　美容商品は継続して使用することに価値があって、高い効果があると謳われる高額製品を使い続けることには投資と儀式みたいな側面があります。美容製品の広告で「浄化」や「浸透」という言葉が多用され、皮膚の表面と内側に働きかけることが繰り返されます。この表現やレトリックには、スピリチュアルや宗教的なものと類似する傾向があって、人々の意識をひとつの方向に誘導し説得する強い力があるんですよね（本書四六頁参照）。こういう観点からも、美容製品やサプリメント（健康機能食品）を製造販売する企業の活動や、その消費を駆動する広告や関連するメディアの影響力についても冷静な分析と批判の目が向けられるべきではないでしょうか。

〔図 5-2〕自由が丘クリニックの広告「Universal Beauty」のクローズアップ

企業活動に侵食され、壊される公共空間

尾辻　栄養は食物を通して摂取することで吸収されるので、サプリメントはそれだけを単体で摂取してもさほど効果はないのですが、ＤＨＣはサプリメント販売等から得た収益で「虎ノ門ニュース」のようなYouTube番組、右派メディアを作り、東京ＭＸテレビの「ニュース女子」という番組で沖縄の平和運動、辛淑玉さんらをデマで攻撃し名誉棄損するなど、スポンサー企業として強い影響力を持つに至ったんですよね。会長の在日コリアンに対する差別発言から不買運動が展開し、二〇二二年にオリックスに買収されましたが、美容や健康に関わる商品を提供する企業と運営するメディアの影響力を示す一例と言えます。近年、栄養機能食品が健康に良いかのように宣伝され販売されていますが、表示は企業が自社調査に基づいてつけているにすぎず、効果はわずかです。栄養機能食品に代表される機能性食品表示を強く推進したのが、内閣府規制改革会議委員の森下竜一氏なんですが、彼は二〇二〇年に新型コロナウイルスの「大阪ワクチン」の開発に乗り出しながら断念したバイオ製薬企業アンジェスの創始者であり、二〇二五年開催予定の大阪・関西万博の総合プロデューサーでもあるんです。森下氏は大阪大学に寄附講座を持っていて、大阪大学教授という権威のある肩書きで健康食品産業の旗振り役をしているわけです。健康食品分野で儲けたい人が、政府に訴えかけて機能性表示食品という分野を作らせたということですね。これは経済活性化策として立案されており、健康政策の位置づけではありません。

小林　先ほど、同じ時期に発表された内閣府の広報と脱毛サロンのキレイモの広告に「東京リベンジャーズ」のキャラクターが起用されたという話をしましたが、日本の広報の問題として、権威性を帯びた人が利潤追求のために制度を作り、それを広く認知させるため

に漫画やアニメのキャラクターを使って、親しみやすく伝えるためのキャンペーンを展開するという方法が常用されています。デジタル庁のマイナンバーカードとアニメ「SPY×FAMILY」のコラボ展開もその方法の中に位置づけられますが、多くの人が知っているキャラクターを使って広報をすれば、伝えたことになるという認識と、それによって何がどう伝わるかということに対しては誰も何の責任を取らない、という構造があります。

尾辻　日本では、公共や公益と、商業活動との境目がどこにもないということなんですよね。大阪の例を挙げますと、二〇一九年に大阪市が海運サービスを中心とする辰巳商会に大阪市立中央図書館（大阪で最大規模）のネーミングライツを年額二〇〇万円で販売し、愛称が「辰巳商会中央図書館」に変わっています。また、大阪市建設局が歩道橋ネーミングライツ事業として、歩道橋に企業の広告を掲出し、その収益を道路の維持管理等に活用する、パークマネージメント事業として大型公園に商業施設を導入する、広告を掲出させて、それを運営費に充てる、といった運営が行われています。小型の公園にもすべて、自動販売機と防犯カメラが設置されていて、商業施設や企業が侵入することで公共空間が壊れるという状況に陥っているのです。

小林　地方財政で賄えないところを、企業活動が補うという名目が立てばすぐに事業として導入されるという構造になっているんですね。首都圏とはまた異なる広告の影響力が垣間見られて、興味深いのと同時に、公共空間が壊され続ける今後の展開を考えると空恐ろしいです。

尾辻　公共の場のありとあらゆる場所を広告スペースとして提供し、売れるものは売る。大阪市の長居公園の中に市立長居植物園があるのですが、二〇二二年にチームラボを誘致して、夜間の常設展として「チームラボ　ボタニカルガーデン　大阪」という有料のテーマパークのような形で開業して、デートスポットになっているんです。開業によって、訪問者が増えることは歓迎されているのですが、夜間に照明を使い続けることによって、動植物、昆虫への影響も懸念されています。それに本来、公園は人々がお金を使わなくてもゆったりと過ごすことができる場所なんです。それがお金のある人が楽しめる空間に変わってしまうことは本当に良いことなんでしょうか。この事例も、公共の感覚がおかしくなっていることの証左ではないでしょうか。また、地方行政の首長がメディアと密接な関係を持ち、ひとつの局のバラエティ番組に出演することも公人としてのバランス公共性が壊れてしまっていることの表れだと思います。このようななし崩しに公共空間が壊されている状**況というのは、人々が受動的になっていることの証でもあって、みんながおかしいと思っていても、その違和感を行動に移して、変えようという力に転換されていかないのが日本社会の問題なんですよね。**たとえば、学校では生徒たちが自主的にルールを決めていくという経験をしませんし、校則を自分たちで変えていけるような主体性を持った存在として育てる意識が教育の中であまりにも欠けています。誰が作ったかわからないけれど決められたルールに従うのが良い生徒という意識だけが植えつけられて、何が問題か、具体的にどうしたいか、という話し合いを持つことがないわけです。そういう教育の中での課題は、公園の運営のあり方にも反映されていますよね。

小林　社会の課題に対して自主的に取り組み、ディスカッションしようとする態度を示す人たちのことを「意識高い系」という言葉を使って揶揄することもありますよね。

尾辻　気軽に政治のことを話題にする文化もないですし、学校教育の中で扱おうとすると、偏向していると指摘されることもあって、できるだけ触らないようにする、言及したとしても核心に触れないようにする空気もありますから、批判的な精神が育たない教育とシステムが存続してしまうのです。だからこそ、至るところにある広告に対しても、おかしいと思わないし、思えないんですよね。

小林　巨大なパネルのような広告で視界を埋め尽くされた都市空間の中で生活していると、その中で身動きが取れないようにさせられている危機的な状態なんですよね。

尾辻　**景観や街中の景色って誰のものなんだろう、次の世代のためにどんな景色を残していけるのだろう、と考えないといけないですよね。**ベルギー在住の方が、ベルギーに来て広告も街や地下鉄になく、ショッピング文化もなくミニマリストになったというウェブ記事は印象に残りました[19]。

教育の役割でいうと、CMを通して、情報がどのような人の姿や声を通して伝えているのか、ジェンダー役割やその表現を批判的に分析するような授業って絶対必要なんですよね。CMに限らず、低い声で権威を持って説得するのは大体年長の男性の役割になっていて、それはニュースの報道番組の役割・構成にも共通しています。司会進行をするのは若い女性のアナウンサーで、コメントをするのが年長の男性有識者みたいな組み合わせはずっと続いています。

小林　本書4章「「デキる男」像の呪縛を解くために」では、男性中心社会を描いたCMを帰属組織と集団行動という観点から分析していますが、社会的に成功したした男性表象としての「デキる男」像は、政治家の男性像において最も強固に表されていますよね。

尾辻　そうです。選挙ポスターは、政治家をいかに「デキる男」として表現するか、テクニックが駆使されているわけです。選挙ポスターを分析することによってジェンダー表現とメディアリテラシーを高めることもできるかもしれませんし、日本だけではなくほかの国・地域の選挙ポスターを比較したりして、政治家がどう表象されているのかを比較して、日本で当たり前とされていることを問う視点や姿勢を持つことも大事なのではないかと思います。

小林　尾辻さんが、大阪駅で掲出されたゲーム広告に対して違和感を表明したことが「炎上」として注目を集めたわけですが、私はこのような「炎上案件」として注目される事象に目を向けることだけがジェンダー表象に対する批評のあり方ではないと思っています。確かに女性を性的客体・嗜好品・消費物として扱うことは問題ですが、その消費の構造がどのように構築されてきたのか、消費する側だと思わされている、多くはシスヘテロ男性とされる人たちが、性別二元論に根ざしたジェンダー構造の規定する「男らしさ」の檻の中でいかに雁字搦めになっているのかにも目を向けないといけないでしょう。

尾辻　メディアの取材を受けて、「今回の炎上は端的に言えば何だったのですか？」と問われたのですが、私は「シスヘテロ男性の性欲に対してものを言う女性は叩かれる」ということだな、と思ったんです。私自身が二〇〇五年から同性愛者であることを公表して、セクシュアリティの問題を扱ってきただけに、性的表象についてあまり関わってこなかったんです。今回受けた攻撃の中で「お前がレズビアンで、女性を性的な対象として見るからだろう」という発言が出ました。また、セクシュアリティを公表しているからこそ、レズビアンとレズビアン・ポルノを近づけないようにしてきました。自分が何か発言をすると、その間が接近してしまうことを危惧して、ヘテロセクシュアルの女性以上に遠ざけてきたところはあります。しかし、今回の件を通して、シスヘテロ男性の性欲に対してものを言う女性に対する反応や、ゲーム産業の規模の大きさを目の当たりにしてそれまで見えなかったものが可視化されてきたような気がします。

小林　高度消費社会において、消費を駆動する欲望が「性」に絡まってくるわけですが、「性」

が何に対する欲望を肥大させているのか、そこを見据えながら表現というものを考えていかなければならないと思っています。先ほど、「シスヘテロ男性の性欲に対してものを言う女性は叩かれる」と仰っていましたが、その叩く側の男性も、その指摘によって傷つけられたと感じているわけですよね。でも、そういうことでなぜ、どのように傷つくのか、ということも問わなければいけないでしょう。彼らもまた、女性表象を通して「女性を性的に支配できる」というファンタジーに操作されているイメージを消費させられている、欲望の構造の被害者でもあると思います。本書では手に負えないテーマでもあるのですが、今後は消費や欲望の関係性なども見据えていかないといけないんだろうな、とも考えています。

尾辻かな子（おつじかなこ）
前衆議院議員（立憲民主党）。前大阪府議会議員、前参議院議員。一般社団法人LGBT政策情報センター代表理事。社会福祉士・介護福祉士MSW（医療ソーシャルワーカー）。日経ビジネス「2014日本の主役100」、二〇一九「第198国会　三ッ星議員」、文藝春秋2020年の論点「注目すべき若手議員七人衆」に選ばれる。一九七四年生まれ。同志社大学商学部卒業。空手道二段、テコンドー初段。「誰も置き去りにしない社会」をモットーに、地域で活動中。

註

1　『雀魂』は中国で開発されたオンラインの麻雀ゲーム。日本の運営はスマートフォン向けゲーム開発会社のYoster（ヨースター）が行なっています。『咲 -Saki- 全国編』は小林立が原作の麻雀漫画で、二〇一二年にアニメ化され、登場人物は主に女子高生。このコラボはアニメの登場人物が期間限定でゲームの雀士になるというものでした。

2 https://twitter.com/otsujikanako/status/1596276961059344384

3 「始まった中国ゲーム企業の「脱中国化」。萌え要素により日本市場で成功した「雀魂」」中華ＩＴ最新事情、二〇二二年九月十二日
https://tamakino.hatenablog.com/entry/2022/09/12/080000
「ゲーム規制で日本市場へ 攻勢強める中国ゲーム会社」Frontier Eyes Online、二〇二一年十月二十七日
https://frontier-eyes.online/regulation-game-china/

4 西山守「ＪＲ大阪駅「性的広告」に見る日本で炎上が続く真因」東洋経済オンライン、二〇二二年十二月二日
https://toyokeizai.net/articles/-/636895

5 ソーシャルゲームにおいて、複数のアイテムをすべて揃える（＝コンプリートする）こと。くじのようにランダムに入手するシステムのため、揃うまで課金し続けることになり、依存性が高く、ギャンブル依存症のような状態に陥ります。

6 「コロナ影響、消えた広告 中づり減少、渋谷駅も真っ白」MAG2NEWS（時事通信）、二〇二〇年五月十四日
https://www.mag2.com/p/news/headline/451587

7 第四条の3項に「イ 進学、就職、結婚、生計その他の社会生活上の重要な事項」と「ロ容姿、体型その他の身体の特徴又は状況に関する重要な事項」が追加されたが、「社会生活上の経験が乏しい」消費者が対象であり、対象年齢は明文化されていません。
https://www.caa.go.jp/policies/policy/consumer_system/consumer_contract_act/amendment/2018/

pdf/amendment_2018_0004.pdf

8 独立行政法人 国民生活センター 報道発表資料「成年年齢引下げ後の18歳・19歳の消費者トラブルの状況（二〇二二年十月末時点）」
https://www.kokusen.go.jp/pdf/n-20221130_1.pdf

9 任翅亜「脱毛広告がアピールする「主体的な女性」という幻想」、NOISIE、二〇二〇年三月一六日
https://noisie.jp/looks/490/

10 「「有害な」男女のステレオタイプ描く広告、イギリスで禁止」BBC NEWS JAPAN、二〇一九年六月十七日
https://www.bbc.com/japanese/48659092?source=pepperjam&publisherId=47736&clickId=4418136560

11 山口真一「SNSがあおる不安 加工された画像、自分と比べ劣等感」朝日新聞デジタル、二〇二三年三月十日
https://digital.asahi.com/articles/DA3S15577329.html?ptoken=01GV4G3F3SGW4BAA35PDKMGEJJ

12 *Ditt eget samhälle (SAMS 2)*, Arne Lindquist, Jan Wester, stockholm, Almqvist & Wiksell, 1991
アーネ・リンドクウィスト、ヤン・ウェステル著、川上邦夫訳『あなた自身の社会：スウェーデンの中学教科書』（新評論、一九九七年）、広告についての記述は、第3章「あなた自身の経済」の5節にあります。

13 「コロナ禍に菅官房長官が狙う「湘南美容」利権 幻冬舎・見城社長が繋いだ関係」デイリー新潮、二〇二〇年八月六日
https://www.dailyshincho.jp/article/2020/08060556/?all=1

14　消費者庁は、景品表示法に違反する商品に対し「景品表示法に基づく措置命令」を行っています。
https://www.caa.go.jp/notice/assets/representation_200828_1.pdf

15　松﨑尊信「コロナ禍で広がるネット依存、ゲーム依存」『国民生活２０２３年１月号【No.125】』独立行政法人国民生活センター、二〇二三年一月十六日
https://www.kokusen.go.jp/wko/pdf/wko-202301_04.pdf

16　兵頭輝夏「精神医療の現場で感じるストロング系のヤバさ」東洋経済オンライン、二〇二〇年十二月五日
https://toyokeizai.net/articles/-/393553

17　第２００回国会　厚生労働委員会　第3号（二〇一九年十一月六日）
https://www.shugiin.go.jp/internet/itdb_kaigiroku.nsf/html/kaigiroku/009720020191106003.htm

18　岩永直子「「血液クレンジング」厚労省が実態調査「有効性・安全性を確認され薬事承認された製品はない」」Buzz Feed News、二〇一九年十一月六日
https://www.buzzfeed.com/jp/naokoiwanaga/blood-cleansing-5

19　雨宮百子「日本で買い物大好きだった私が、ベルギーでミニマリストになった８つの理由」BUISINESS INSIDER、二〇二三年六月二十二日
https://www.businessinsider.jp/post-271317

8

「写真歌謡」試論

そもそも、「写真歌謡」とは？

「写真歌謡」とは、歌詞の中にカメラや写真に関連する言葉が登場する楽曲を指すものとして、私が作った造語です。「歌謡」と言っても狭義での歌謡曲、すなわち昭和時代に作られた懐メロ的なものだけではなく、ポピュラーソング全般を指し、近年の作品では歌詞だけではなく、MVなどの映像作品の中で写真やカメラ、映像機器が登場するものも含みます。なぜこのような言葉を思いつくに至ったのか、また「写真歌謡」という観点から、ポピュラーソングと写真の関係を考えて歌詞を読み解くことによって、どのようなことが見出せるのかということを説明しておきたいと思います。

まず背景のひとつに、一九七〇年代に生まれ育ってきた私自身の写真に関する体験の変化があります。私は幼少期から青少年期にはフィルムの写真に慣れ親しみ、成人した後にインターネットの普及と写真のデジタル化を経験し、現在はスマートフォン世代の子どもを育てる親でもあります。家族写真をフィルムで撮ってもらい、プリントを貼った写真アルバムを眺めて育った経験から、「もの」としての写真への愛着が身体に深く刻み込まれています。このような子どもの頃の経験と記憶に結びついているのが、当時テレビやラジオで繰り返し耳にしていた歌謡曲の歌詞です。たとえば、荒井由美の「あの日にかえりたい」（一九七五）の歌い出しは、「泣きながらちぎった写真を／手のひらにつなげてみるので、別れた恋人への想いと過ぎ去った青春の日々を歌い上げます。松田聖子の「蒼いフォトグラフ」（一九八三）も、「光と影の中で／腕を組んでいる／一度破いてテープで貼った／蒼いフォトグラフ」と歌い出し、終盤で「写真はセピア色に／褪せる日が来ても」と、想いを寄せる相手に対する気持ちを、自分が持っている写真の状態と今後の変化を時間の経過とともに事細かく描き出して表現しています。写真が歌詞の中でも主要なモチーフになり、大切な相手が写っている写真を自分が所有していること、「泣きながらちぎる・破る」という行為でままならない思いや何らかの衝突や別れが訪れたこと、「つなげる・テープで貼る」ことで改めて相手に対する想いを確かめることが、感情の動きと行為の軌跡として描かれています。写真の「もの」としてのあり方が、それを所有し、見る人の感情に強く作用し、写真が想いを寄せる相手の姿を手元にとどめておき、その縁《よすが》の証を立てるからこそ、ちぎったり、切れ端を手のひらにのせたり、テープで貼り合わせたりする行為や、褪色という写真の経年変化に、相手の存在や自分の感情が託されるのです。その行為や変化を、似たような経験を通して知っているか、あるいは実際に経験していなくても容易に想像できるからこそ、こういった歌詞を通して歌い上げられる想いに感情移入ができるのだと言えます。

しかし、スマートフォンやPCの画面に表示される画像としての写真に接することが圧倒的に多くなった現在、写真に対する想いの込め方、扱い方はフィルム写真の時代と比べると随分変わってきているのではないでしょうか？　「あの日の写真にかえりたい」、つまりフィルム写真の時代に戻りたいわけではありませんが、これまでに自分が写真とどのような関わり方をしてきたのか、振り返って確かめてみたい想いがあって、「写真歌謡」という言葉を思いついたところがあります。耳に馴染んだ楽曲の中から写真に関わる歌詞を探したり、YouTubeで検索を重ねたり、音楽に詳しい友人や近年のK－POPに通じた知人から情報や示唆を得たりしながら数々の「写真歌謡」を探し出し、それらの中に共通する表現のパターンを見出し、デジタル化やインターネットが普及する過程で、歌詞における写真の扱われ方の変遷を実感しました。また、一九七〇年代から現在に至るまでの半世紀をさまざまなポピュラーソングを通して時代を辿っていくと、あらゆるジャンルの楽曲を受容・消費する経験の推移も見えてきました。LP、CDのようなパッケージとして作られた商品を購入することから、オンラインでのデータのダウンロード、配信、サブスクリプション・サービスへと移行し楽曲に対する認知度がYouTubeでのMVの再生回数で測られるようになるという、メディア環境のダイナミックな変化も浮かび上がってきたのです。

先に挙げた「あの日にかえりたい」や「蒼いフォトグラフ」がそうであるように、「写真歌謡」の多くは恋愛感情として想いを寄せる相手との関係を歌うラブソングで、歌い手と聴き手がその関係を、撮影された写真や写真を撮る・撮られる、見る・見られる関係を通して思い描くことができるように言葉が紡がれています。歌詞の中に写真が入ることによって、想いが相手に対する感情を表す言葉として直接向けられるだけではなく、歌い手の心模様や置かれている状況が、聞き手にとって景色として思い描きやすくなるという側面もあります。また、歌詞の中のどこに写真が登場するかということも重要で、かつて撮影された写真が歌い出しに登場する場合は、それが終わってしまった過去の恋愛、別離の経験を歌うことが多く、撮る行為が繰り返し歌われる場合は、ずっと相手を見ていたい、撮る・撮られる親密な関係がこれからも続くことを願う展開になります。

二〇一〇年代末に日本でヒットした曲をふたつ例として挙げると、瑛人の「香水」(二〇一九)は、別れた恋人のつけている香水のブランド名を連呼することで、つきあっていた頃を思い出しながら相手への断ち切れない未練を訴えますが、歌い出しのフレーズで「2人で海に行っては　たくさん写真撮ったね」と振り返ります。「海に行く」といったフレーズで、夏の思い出が示唆されることも写真歌謡に多く見られる特徴です。陽射しのある時が写真の撮影に適していること、また恋愛でふたりの関係が盛り上がっている幸せな時期が「キラキラと光り輝く季節」として描写されることによって、写真が夏の季語のように位置づけられることも多いのです。撮影する行為の継続を通して、愛し合う関係がいつまでも続くことを望む歌としては、Official 髭男 dism の「115万キロのフィルム」（二〇一八）があります。この歌は、結婚する男性が妻になる女性に対して、相手を主演として扱い、自分が助演兼監督でカメラマンになって映画作品を作ることに準《なずら》えて、生涯相手と添い遂げ、見続けることを誓う内容で結婚式のBGMとしても人気です。題名の「115万キロのフィルム」は、ふたりで歩む人生を記録するためのフィルムの長さを表し、現在一般的に使われている録画用ハードディスクの容量ではなく、物理的な質量を伴うフィルムであることが歌詞の感情的なニュアンスを表す上で重要な意味を持っています。女性の「写真にも映せやしない　とても些細なその仕草」を見続けていたい気持ちを示すことで、相手への愛情が込められ、撮影を続ける過程でシーンを切り取って「サムネイルにしようとりあえず今の所は」と続くところに、映像における静止画像としてのサムネイルと写真の関係が表されています。デジタルの時代にあっても、限りある命の長さとそれを記録するフィルムに「もの」として価値と愛情が託されているところに、現代の写真歌謡におけるメディアの混淆《こんこう》性が表れています。

写真歌謡の金字塔「君は天然色」

写真が「もの」として想いを寄せる相手を手元に呼び戻す縁となること、写真が光溢れる季節に重ね合わせられることは、多くの写真歌謡に共通して見られる特徴であり、そのような楽曲として今もなお広く聴かれ、親しまれているものとして、大瀧詠一の「君は天然色」（一九八一）があります。私はこの曲を写真歌謡の金字塔だと考えているのですが、作詞は先に挙げた「蒼いフォトグラフ」も手がけた松本隆です。松本隆は一九七〇年代後半からさまざまな楽曲の作詞を手がけ、歌謡史に残る数々の名作を残しています。その歌詞の中には、写真やカメラに関わる言葉が登場して、色の描写を含めて情景を巧みに描くものが多く、聞き手をその情景の中に瞬時に引き込み、あたかも歌の世界の登場人物になったような気持ちにさせる力を具えています。「君は天然色」に描かれている情景と、歌の世界が何に影響を受けて作られているのかを振り返ることで、写真歌謡だけでなく写真や映像の歴史の一端が浮かび上がってきます。歌詞の冒頭部分の二節は以下のようなものです。

くちびるつんと尖らせて
何かたくらむ表情は
別れの気配をポケットに匿していたから

机の端のポラロイド
写真に話しかけてたら
過ぎ去った過去《とき》しゃくだけど今より眩しい
想い出はモノクローム　色を点《つ》けてくれ

もう一度そばに来て　はなやいで　美《うるわ》しの Color Girl
（「君は天然色」　作曲：大瀧詠一　作詞：松本隆）

歌い出しでは、机の端というこぢんまりとした私的な空間に、ただ一枚だけあるポラロイドを見つめながら想いを寄せ、今はいない女性の表情に揺さぶられる感情を表現しています。そして、女性の不在をモノクロームの世界にたとえた上で、自分の元に戻ってきてほしいと願う切々とした感情を「色を点けてくれ」と対照的に表現しています。最後の「美しの Color Girl」は、曲のタイトルにある「天然色」を表しているのですが、これは「自然色（自然そのものの色）」ではなく、「色を点けられ、はなやいだ」状態を意味しています。このような色の感覚は、大滝詠一や松本隆のような一九四〇年代末生まれの世代が白黒映画がまだ主流だった幼年期に「総天然色」として喧伝されたカラー映画作品や、一九六〇年に放送が開始されたカラーテレビ、一九七〇年代に発売され流行したカラーのポラロイド写真を通して、モノクロと色鮮やかさの違いを経験したからこそ言葉として導き出されたものと言えるでしょう。「天然色」は女性の麗しさに重ね合わせられ、その眩しさと色鮮やかさは、想いを寄せる人を喪失した後に寂寥感に苛まれるモノクロームの心模様と対比されて、より一層際立たされています。

複製のできないポラロイド写真を所有し、見つめ、女性の麗しさを崇める男性の目線は、この曲が発表された当時、写真を撮る行為が趣味としても、また職業としても、男性の領分に置かれていたことや、女性をあくまでも見られる存在として扱う価値観が支配的だったことが多少なりとも反映されているのではないでしょうか。「君は天然色」に先立って作られた写真の色鮮やかさを称揚する（大瀧詠一も松本隆も影響を受けていたであろう）楽曲として、アメリカのシンガーソングライター、ポール・サイモンの「僕のコダクローム(Kodachrome)」(一九七三)やイギリスのロックバンド、ハニーカムズの「カラー・スライド(Colour Slide)」(一九六四)があります。どちらも若者が光り輝く季節と青春を賛美する内容で、前者ではニコンのカメラを用いコダクロームというリバーサルフィルム(ポジフィルム)で写真を撮って楽しむ場面、後者では海辺で出会って写真を撮った美しい女性のスライドを壁に投影して夏の思い出に浸る様子が描かれています。「カラー・スライド」のイントロのメロディは「君は天然色」のイントロに引き継がれており、直接的な影響を見て取ることができます。欧米のポップソングを日本に翻案して定着させた松本隆の功績は大きく、YMOが活動を終える前に発表したヒット曲「君に、胸キュン。」(一九八三)の作詞を手がけ、写真歌謡をテクノポップに展開しています。歌詞に、「君に胸キュン夏の印画紙/太陽だけ焼きつけて」や「伊太利亜《イタリア》の映画でも/見てるようだね」とあるように、浮き立つ恋情を煌めく夏に重ね合わせ、印画紙や映画といった具体的なイメージを差し出しながら、海辺の情景を描き出しています。

フィルムからデジタルへの移行期における撮影行為の前景化

一九九〇年代以降になると、撮影された写真やそれを見るという行為だけではなく、写真を撮る行為を前景化させて、撮る・撮られるという関係性を歌う楽曲が増えてきます。その背景には、写真を撮影する頻度が上がり、特別な出来事を記念として残すだけではなく、日常の場面を撮影することが一般化してきた流れがあります。安価なコンパクトカメラや、レンズつきフィルムの普及、「プリント倶楽部」(通称プリクラ)の発売(一九九五)

が示すように、若年層を中心として写真を楽しむ間口が広がり、一九九〇年代後半には、いわゆる「女の子写真」と呼ばれた、若い女性が日常生活を撮影して視覚的な日記のようにまとめた作品が注目されました。また、同時期には携帯電話の普及が進み、インターネットの導入で通信環境が変化してくことも、のちに写真が画像としてインターネット上で公開されたり、見られたりする過程に位置づけられます。写真を撮るという行為に焦点を合わせた曲として、一九九〇年代に流行した「渋谷系」の音楽を代表する、フリッパーズ・ギターの「CAMERA! CAMERA! CAMERA!」（一九九〇）が挙げられます。「ずっと欲しかったカメラ」を手に入れたことを喜び、「カメラの中3秒間だけ僕らは／突然恋をする」と、撮影の瞬間に相手との視線の交差を描き、「ほおづえついて僕を見て／ちょっと唇とがらせて」と「君は天然色」の歌詞を引用して、撮影する相手の様子を描写しています。

　フィルム時代においては、カメラから撮影したフィルムを取り出して現像所に持って行き、プリントをしてもらうという過程が、写真を見るに至るまでに必須だったのですが、その過程を歌詞の中で描いているのが、広末涼子の「大スキ！」（一九九七）です。この歌では恋人とのドライブデートの帰りにスピード写真（現像店）に寄り道をして、プリントが出来上がるまでの一時間の待ち時間によって相手と一緒に居られる時間が伸びたという喜びを表現しています。「CAMERA! CAMERA! CAMERA!」も「大スキ！」も、一緒にいる相手との親密な関係を示すための表現として、カメラを通して見ることや写真を撮ることを持ち出しているのですが、「写真に撮られたくない」と意志表示をすることによって、写真を撮ることの意味を強く印象づけるのが、椎名林檎の「ギブス」（二〇〇〇）です。「あなたはすぐに写真を撮りたがる／あたしは何時も其れを厭がるの／だって写真になっちゃえば　あたしが古くなるじゃない」という冒頭のフレーズは、先にも解説した「写真歌謡」の基本的な形式、すなわち「かつて撮られた写真が冒頭に出てくると、それは終わった恋愛の歌であることを示唆する」パターンに則っており、「撮られた写真」の代わりに「写真を撮ろうとするあなたとそれを厭がるあたし」を差し出すことによって、未来から振返って「あたしが古くなる」ことと、現在の恋の終わりを示唆するような写真を残したくないと訴えます。このように写真に撮られることを厭がる態度を示すことで、相手が自分を「ぎゅっとしている」今この時の刹那の強度を高めたいという想いの表現に繋がっています。「ギブス」が示すように、写真を撮るという行為が前景化することによって、「撮らない」、「撮れない」、「撮られたくない」のように、撮影という行為に付随する感情や時空の設定がより複雑になり、写真が過去の出来事の記録、記憶の縁として差し出されるだけではなく、進行中の関係やコミュニケーションの中に位置づけられることになります。

一九九八年に一五歳で鮮烈なデビューを飾った宇多田ヒカルは、デビュー曲「Automatic」で、電話やコンピュータを通した相手とのコミュニケーションや感情を英語と日本語を境目なく駆使して表現する手法により、新時代の表現者の到来として注目を集めました。宇多田が歌詞を作る独自のセンスは、「Passion」（二〇〇五）においても顕著です。従来写真は相手との過去の関係を証明するものとして扱われていました。しかし、宇多田ヒカルは、想いを寄せる相手が自分以外の人と関係を結んで将来写真を撮るであろうことを想像するという、関係としても想像の時空としても複雑な構成の中に写真を位置づけています。「Passion」は、次のように締め括られます。

ずっと前に好きだった人
冬に子供が生まれるそうだ

昔からの決まり事を
たまに疑いたくなるよ
ずっと忘れられなかったの
年賀状は写真付きかな
わたしたちに出来なかったことを
とても懐かしく思うよ

（「Passion」作詞・作曲：宇多田ヒカル）

歌い出しでは、「僕ら」が過去において未来を思い描いていたことがあった時期が示されていますが、締め括りとして「わたしたち」と一人称の表現を変えて関係の中での立場を切り替え、未来に誕生する「子供」の「写真付きの年賀状」が手元に届くことを、「昔からの決まり事」「出来なかったこと」「懐かしい」という言葉とともに表現しています。「昔これから到来するかもしれない不確かな未来と、過去に留められた想いを重ね合わせた時空の中に今の感情を表現しているところに、宇多田ヒカルの独自性が現れています。

MVにおける写真の位置づけ――ソーシャルメディアと音楽と写真

二〇〇五年に動画投稿サイトYouTubeがサービスを開始し（日本語版サービスは二〇〇七年開始）、二〇〇七年にiPhoneが登場しました。それ以降、Spotifyのような音楽配信サービスが普及することによって、音楽を受容する方法がパッケージ商品の消費からオンラインコンテンツの視聴へと切り替わっていきました。それに伴って、楽曲のヒットがミリオンセラーというＣＤの販売数から、YouTube でのＭＶ再生回数や TikTok での流行によって測られるようになり、音楽の楽しみ方も大きく変わります。楽曲を音声として聴くことに加えて、ＭＶの映像表現を鑑賞することや、ダンスを記録した映像を TikTok で見たり、あるいは自分で踊って記録したものを公開したりすることも含めた複合的な経験になっています。ＭＶを重視する傾向は、近年のＫ－ＰＯＰの流行にも深く関わっていますし、その映像表現が楽曲の内容を補完したり、歌い手と聴き手（ミュージシャンとファン）との関係を構築したりする効果ももたらしています。以下に、いくつかの楽曲とそのＭＶの映像表現を通して、ソーシャルメディア時代の音楽と写真、映像の関係について考えてみたいと思います。

まず、写真を夏の季語として扱いつつ、果たせなかった（未遂に終わった）夏の恋を歌ったものとして、ヒップホップグループの RHYMESTER による「フラッシュバック、夏。」（二〇一一）が挙げられます。この曲は、「君に、胸キュン。」（一九八三）に似た構造を持ち、男性が女性に対して抱く恋情・欲情が夏の風物に重ね合わせられ、巧みに韻を踏んだリリックとして展開されます。ＭＶでは、左から右に横スクロールする画面の中に登場する三人のメンバーと、水着や浴衣を着た若い女性たちの姿が重ね合わせられ、「体験したかった妄想の中の夏」から「木枯らしが吹きつける冬」へと時間の推移が表現されています。曲の終わりの方では夏のビーチで出会うはずだった女性たちとのスナップ写真がスクロールに合わせて飛来し〔図1〕、以下のようなリリックで締め括られます。

二度とない No Reason なシーズン　写真のオレたちはダブルピース
したその瞬間のままでフリーズ　まるで懐かしいドラマシリーズ

〔図1〕RHYMESTER「フラッシュバック、夏。」のＭＶ（2011年）より

きっとすべては最期の一瞬に見るという走馬灯の準備
暗闇の中でもひときわ鮮やかな フラッシュバック、夏。
（「フラッシュバック、夏。」作詞：宇多丸、Mummy-D　作曲：DJ Mitsu the Beats）

この曲は、「煌めく夏の海辺の恋」を、妄想あるいはテレビCM（「No Reason」は二〇〇一年のコカ・コーラのCMのキャッチコピーでした）やドラマ、映画のようなフィクションにしか存在しないものと半ば諦観して語りながらも、だからこそ「暗闇の中でもひときわ鮮やか」な光を放つと締め括っており、写真歌謡の形式をに沿いつつ、その構造をメタ的に示しているところに技があると言えるでしょう。

MVの映像表現を通して楽曲が認知され、ソーシャルメディアを通して拡散されていく仕組みが出来上がっていくと、そのあり方自体を取り込んだ楽曲も登場して、話題を集めます。たとえば、アメリカの音楽グループ、ザ・チェーンスモーカーズの名前を一躍世に知らしめたヒット曲「#SELFIE」（二〇一四）は、「セルフィー（自撮り）」が新語として注目を集めた頃に発表され、MVではクラブに遊びに来た女性ふたりが、酔っ払ってトイレの鏡の前でしつこく絡んでくる男性やクラブの様子、ほかの女性客など明け透けな会話をそのままリズムに乗せてラップで語り、Instagramに投稿するために自撮りする場面が描かれています。映像内にはモンタージュのように著名人を含むさまざまな人の自撮り写真が挿入され、誰もが絶えず他者からの反応や視線を気にかけているソーシャルメディア時代の一端を描き出しています。この曲の後に大ヒットした「Closer」（二〇一六）は、別れた男女が四年ぶりに再会し、焼け木杭に火がつき、元の関係には戻らないことに呵責も感じているという内容です。このMVは、美男美女のカップルが煌めく夏の海辺で戯れ、ふたりきりで互いにインスタントカメラで写真を撮り合い、撮った写真を仲睦まじく眺める〔図2〕という、恋愛の一番盛り上がって幸せな場面だけをロングショットや空撮を含めて、「ふたりだけの世界」として編集されています。歌詞の中ではふたりの関係がほろ苦さも帯びていることが示されていますが、映像はひたすら甘美な世界を描き出し、恐らくふたりとも持っているはずのスマートフォンは全く登場しません。それによって、ふたりの中だけで思い出を共有するためだけにインスタントカメラで撮影することの意味が強く印象づけられ、「#SELFIE」の中に描かれている男女の関係とは対照的です。MVの最後には、カップルを演じてイチャつくふたりに撮影の終了を知らせる合図を入れる場面が含まれていて、甘美な恋の世界がフィクションであることを示す構造になっています。先に挙げた「フラッシュバック、夏。」と同様に、夏と恋と写真という写真歌謡にとって王道の要素を入れ込みつつ、その甘美な世界のフィクション性を同時に示すものになっています。歌詞が描くビタースイートな恋愛の舞台設定に感情移入させられながらも、同時にMVの映像を通してその作為性も意識させられるところに、この動画の人気（二〇二三年七月時点でYouTube再生回数は二九億）の要因があると言えるでしょう。

多くの人がスマートフォンを持ち、ソーシャルメディアを通して写真や動画が拡散する環境で映像を見ること・見られることが常態化すると、恋愛と写真の関係にも大きな変化がもたらされます。仮に想いを寄せる相手がいたとしても、自分だけが相手の写真を見ているわけではなく、関係が終わったとしてもソーシャルメディアを通して、相手の現在の状況を追ってしまうというような、オンライン環境で繋がりすぎるがゆえに経験する心理的なストレスや感情疲労、いわゆる「SNS疲れ」は多くの人が経験していることでしょう。韓国のシンガーソングライターDEANは「instagram」（二〇一七）で、夜中に

〔図2〕The Chainsmokers「Closer (Lyric)」のMV（2016年）より

Instagramを延々と眺めて眠れなくなってしまい、自分がそこに投稿する写真も、自分の本心を伝えるためのものではなく、Instagramで写真を見る・見せるという行為自体が孤独感、孤立感を高め苛ませるという心情を吐露しています。そして、別れた恋人のアカウントに投稿された写真を見たときの気持ちを、今も心の中にいる相手に語りかけるように歌っています（オリジナルは韓国語、訳は筆者による）。

そう、君は最近どう?
寝れないのは　相変わらず
切ったショートヘアが　とてもかわいかったけど
いいね　は押さなかった。

先に挙げた「#SELFIE」は、写真を通して繋がることの背後にある自己顕示欲や他者からの承認欲求のあり方を扱っています。一方、「instagram」はそれらの欲求と表裏一体の関係にある孤独感に焦点が合わせられていて、MVの映像はメランコリックな曲調とシンクロして鬱屈とした心情を表すようにモノクロームで、多くの写真歌謡の中で描かれてきた光り輝く色鮮やかさとは対極的な情景を描き出しています。

過剰な画像とアテンション（注目）にどのように向き合うのか
——K-POPと写真歌謡の最前線

ソーシャルメディアの普及と高度な情報化社会が、音楽や写真の受容のあり方だけではなく、恋愛を含む人と人の関わり合いやコミュニケーションのあり方を大きく変容させてきたことは先にも述べた通りです。これまでに写真歌謡として紹介し、論じてきた曲は、自分と想いを寄せる相手との関係、主として、恋愛や性に連なる一対一の関係を想定して書かれてきたものが多くを占めています。しかし、ソーシャルメディアの時代には、歌って演じる側が「見られる」存在、つまりファンからの視線と注目を常に意識していることが曲とMVにも反映されるようになります。

イギリスのシンガー・ソングライター、エド・シーランの「Photograph」（二〇一四）は、離れた場所にいる恋人に向けて、思い出が詰まった写真を「擦り切れたジーンズのポケットの中」や「君が十六歳のときにあげたネックレスの中」に大切に持っていてほしい、再び会える日を待ち望んでいると語りかける、二〇一〇年代にしては古風な趣を持ったラブソングです。この曲のMVは、エド・シーラン自身のホームビデオのフッテージを繋ぎ合わせて構成されており、生まれてから幼少時を経て青年期までを追い、ミュージシャンとして大観衆の前で演奏するまでの成長の軌跡を辿る物語になっています。曲としては恋人への想いを歌うラブソングですが、MVはエド・シーラン自身の幼い頃からの映像が束ねられることによって、ファンがシーランの成長の歩みを知り得るような親密な関係にあると感じさせます。歌い手と聴き手が、それぞれの人生の歩みの中に巡り合っているというストーリーを示すために写真や映像が使われていて、恋愛という関係にとどまらない、シーランとファンの関係を紡ぐものになっています。

　このように、ファンとの関係を築き、コミュニケーションの手段として写真や映像を用いる方法は、K−POPのアイドルの曲やMV、ライブステージにおいて顕著に見られます。韓国の男性アイドルグループ、SEVENTEENの「Snap Shoot」（二〇一九）は、そのタイトルが示すように「Snapshot（スナップ写真）」を動詞化して、「スナップ写真を撮る」行為を歌った曲です。MVでは、街中のさまざまな場面でメンバーがそれぞれカメラに向かったり、メンバー同士で戯れたり、写真を撮る・撮られるポーズを取り入れたダンスをしながら踊り、楽しく過ごす今のこの瞬間をスナップ写真に撮ろうと呼びかけます。ライブのステージでは、ファンに対してカメラを向けたり、ポーズをとったりする振付が取り入れられ、メンバーとファンが擬似的に相互に写真を撮る親しい関係性を表すような演出が盛り込まれています。このようにアイドルグループが、写真を撮る・撮られること、一緒に写真を撮ることを歌詞やダンス、MVに取り入れている例としては、女性アイドルグループNiziU（韓国のJYPプロダクションに所属する日本のアイドル）の「Take a picture」（二〇二一）があります。MVではメンバー全員がスマートフォンを手にして夜の遊園地に忍び込み、セルカを使って集合写真を撮る場面や、シャッター音とプリクラのフレームのようなエフェクトが挿入され、メンバー同士で楽しみ盛り上がる様子を描いています。

　女性のグループアイドルのMVでは、身近なスマートフォンに限らず、多様なカメラや映像機器が、メンバーに対するさまざまな注目のあり方を示すために登場します。「Snap Shoot」や「Take a picture」では、メンバーとファンとの交流や、メンバー同士の仲の良さや連帯感を印象づけるために写真を撮る場面が取り入れられていますが、このような親密な関係での視線の交差だけではなく、他者からの視線に晒される、監視される、つき

まとわれる、といった見られる側からは「望んでいない視線」が含まれているところに、批評性が含まれています。たとえば、女性アイドルグループBLACKPINKの「뚜두뚜두(DDU-DU DDU-DU)」(二〇一八)では、中盤でメンバーのジスが、自身の巨大なポスターを背景に、ピンクのショートボブのウィッグをつけて登場します。周囲を取り囲む黒いマスク姿の男たちはポスターのジスの姿を崇めるようにスマートフォンのカメラを向け、ウィッグをつけてハイヒールを履いたジスが歩みを進めて転倒すると、一斉に振り向いて彼女にカメラを向けます。この時点で、男性たちのスマートフォンの持ち方は拳銃を撃つようなポーズに変えられ、彼女が転倒したこと(何らかの失態やスキャンダルの暗示)で、崇める視線が攻撃へと転換されることを示唆しています〔図3〕。このような女性アイドルに対する視線のあり方は、女性アイドルグループ(G)I-DLEの「Nxde」(二〇二二)においても示されています。メンバーはマリリン・モンロー、マレーネ・ディートリッヒ、マドンナなど、セックスシンボルとして知られる俳優や歌手、美術館で展示される彫像などを演じています。女性がカメラを通して見られる存在として扱われる状況(映画撮影やパパラッチに追い回されること)や、貴重な美術作品のように扱われることに潜む暴力性を示しています〔図4〕。K-POPのMVは、さまざまな文脈を取り入れた映像表現を通して曲のコンセプトや世界観、アイドルの魅力を伝える中で、アイドルがいかに見られる存在であるかということや、アイドルに注がれる視線を通して何が消費されているのかということも指し示しています。このような音楽と映像の密接な結びつきと、その中に込められている過剰なまでの情報量は、本論の前半で紹介し、論じてきた「写真歌謡」のように、言葉を通して聞き手が想像する写真のあり方とは大きく異なっています。たとえば、「君は天然色」においては、男性が手元にある一枚のポラロイド写真を通して「美しのColor

〔図3〕BLACKPINK「뚜두뚜두(DDU-DU DDU-DU)」のMV(2018年)より

Girl」として女性を崇める視線は、その女性に対する憧れ・愛情という情動にそのまま重ね合わせられます。写真が想いを寄せる大切な相手を呼び寄せ、記憶を繋ぎとめる縁になることは今も変わりませんが、写真や映像を通して注目を集め、利益を追求することが優先されるアテンション・エコノミーの時代においては、女性の美しさを崇める視線は、時として相手を攻撃することや晒す力にも転換し得ることを「뚜두뚜두（DDU-DU DDU-DU）」や「Nxde」は示しています。「写真歌謡」は、写真や音楽に関わるメディアの変化と、受容する経験とジェンダーの関係を映し出しているのです。

〔図 4〕(여자)아이들（(G)I-DLE）「Nxde」のMV（2022年）より

図版出典一覧

1章

［図1］https://www.artnet.com/artists/nancy-burson/he-with-she-and-she-with-he-a-wJyrnJcSGbD_xNNE6FMb2w2
［図2］https://www.nancyburson.com/portfolio/G0000LqnU_P6ogLY
［図3-1］https://www.asahibeer-cp.jp/superdry/cp/200401-200422/
［図3-2］https://www.asahibeer.co.jp/news/2021/0106_3.html
［図4］https://www.mhlw.go.jp/stf/houdou_kouhou/kouhou_shuppan/magazine/index_00010.html
［図6-1］https://www.bannerkoubou.com/photoeditor/character/
［図6-3］https://m.media-amazon.com/images/I/71EiMLH6QXL._AC_SL1159_.jpg
［図7-1］https://www.nysm.nysed.gov/programs/cinema-sunday-suffragette
［図7-2］https://natalie.mu/eiga/gallery/news/205209/579950
［図8-1］https://www.elle.fr/Loisirs/Cinema/News/Les-Suffragettes-leur-combat-pour-le-droit-de-vote-3012559
［図8-2］https://m.imdb.com/title/tt3077214/mediaviewer/rm1689578752/
［図8-3］https://www.imdb.com/title/tt3077214/mediaviewer/rm314044160/?ref_=tt_ov_i

3章

［図3-1］https://twitter.com/DrMirandaFay/status/590813766197059584
［図3-2］https://metro.co.uk/2015/04/30/yes-we-are-beach-body-ready-dove-pokes-fun-at-world-protein-poster-with-new-advert-5175375/
［図4］https://pressnet.or.jp/adarc/ex/ex.html?cno=a1480
［図5］https://prtimes.jp/main/html/rd/p/000000087.000008905.html
［図7-1］https://prtimes.jp/main/html/rd/p/000000048.000005300.html
［図7-2］https://prtimes.jp/main/html/rd/p/000000078.000005300.html
［図9］https://prtimes.jp/main/html/rd/p/000000015.000042936.html
［図10-1］https://prtimes.jp/main/html/rd/p/000000029.000008115.html
［図10-2］https://trp2021.trparchives.com/sponsors/pandg/
［図11］https://prtimes.jp/main/html/rd/p/000000097.000018267.html
［図12］https://www.wwdjapan.com/articles/1079257
https://www.advertimes.com/20200727/article319773/
［図13］https://twitter.com/yomiojo/status/1379295070025773058/photo/1
［図14］https://prtimes.jp/main/html/rd/p/000000243.000025105.html

4章

［図1-1］https://homme.reginaclinic.jp/info/tvcm-202106/
［図1-2］https://wbc-nagoya.com/epilation-male/
［図1-3］https://www.youtube.com/watch?v=AJUdB8TqAfk&t=5s
［図1-4］https://gorilla-campaign.com/hige/lp01/
［図2-1］https://www.facebook.com/givenchybeauty/photos/a.10158399772999576/10158544743029576/?type=3
［図2-2］https://www.bobbibrown.com.au/kai
［図3-1］https://www.nylon.jp/MACTAKUYA
［図3-2］https://prtimes.jp/main/html/rd/p/000000151.000032072.html
［図4］https://models.com/work/chanel-beauty-boy-de-chanel-beauty-2020-campaign/1788319
［図5］https://fashiontrend.jp/136929/
［図7-1］https://www.kotsu.metro.tokyo.jp/pickup_information/news/subway/2021/sub_p_2021112910187_h.html
［図7-2］https://digital.asahi.com/articles/photo/AS20220114002812.html

［図 8-1］https://www.iwm.org.uk/collections/item/object/27750
［図 8-2］https://www.defense.gov/News/Feature-Stories/story/Article/1990131/wwii-posters-aimed-to-inspire-encourage-service/
［図 9］https://oldcomputerhardware.tumblr.com/post/155174726871/nec-personal-computer-ad-1988

5 章
［図 1］https://twitter.com/toyonakame/status/1465878319375822855?s=20
［図 2］https://www.mhlw.go.jp/seisakunitsuite/bunya/kenkou_iryou/kenkou/kekkaku-kansenshou/seikansenshou/dl/leaf_h28-1.pdf
［図 3］https://www.mhlw.go.jp/seisakunitsuite/bunya/kenkou_iryou/kenkou/kekkaku-kansenshou/seikansenshou/dl/poster_oral.pdf
［図 4］https://www.akta.jp/uu2020/
［図 5］https://www.historians.org/research-and-publications/perspectives-on-history/summer-2020/bleachman-says-clean-it-with-bleach-education-campaigns-for-hiv/aids-hold-lessons-for-covid-19
［図 6］https://ghaparchive.health.columbia.edu/sites/default/files/content/Docs/posters/AIDS%20Action%20Ad%205.pdf
［図 7］https://ia800202.us.archive.org/23/items/Bus_1/Bus_Large.jpg
［図 8］https://peru21.pe/mundo/suiza-lanza-love-life-regrets-explicita-campana-vih-sida-177389-noticia/?foto=2
［図 9］https://www.bandt.com.au/frostdesign-asks-acon-campaign/
［図 10］https://www.npr.org/sections/goatsandsoda/2016/05/03/476601108/u-s-spent-1-4-billion-to-stop-hiv-by-promoting-abstinence-did-it-work

6 章
［図 1］https://twitter.com/tcc_jp/status/693979961418346496

7 章
［図 1］https://twitter.com/otsujikanako/status/1596276961059344384/photo/2
［図 3］https://space-media.jp/news/detail/3771/

8 章
［図 1］https://www.youtube.com/watch?v=sTeF32mUJvU
［図 2］https://www.youtube.com/watch?v=PT2_F-1esPk
［図 3］https://www.youtube.com/watch?v=IHNzOHi8sJs
［図 4］https://www.youtube.com/watch?v=fCO7f0SmrDc

※記載のないものはすべて著者による撮影です。

あとがき

世界中がコロナ禍に呑み込まれた二〇二〇年、緊急事態宣言発出で行動制限が加わり、車内広告の掲出量が激減した時期を経て、秋口から巣籠もり需要を反映したスマホゲームや酒類、美容整形・脱毛の広告が目立つようになりました。私の目にはこのような情景が混沌と不安が続く状況下で何かに依存せずにいられない多くの人々の心模様の現れのように映りました。さらに二〇二一年の東京五輪開催前から五輪スポンサー企業の広告が増え、さまざまな広告に登場する人物が口を大きく開けたり、目を見開いたりするような表情やオーバーアクション気味な仕草をしているのが目立つようになりました。五輪開催に向けて「応援」や「熱狂」、「歓喜」、「感動」という感情を記号的に表し、祝祭ムードを高めようとするもので、長引くマスク生活の中で対面して見ることのなくなった人の口元や大げさな表情自体が視線を惹きつけるアイキャッチ要素になっていると実感しました。

広告の観察と分析を続けて広告表現の中に世情の反映を見てきましたが、広告に登場する明るく戯けた表情や優しく微笑みかけ誘うような表情を見続けるうちに、人の存在や感情がモノやサービスを売るために使われる状況と、実際の生活で他者の表情や感情の動きに接することや、自分の感情を伝える機会が得られない状況の乖離が大きくなっているようにも感じました。広告が描く虚構と現実世界の乖離や、常に過剰な情報量を与える広告に囲まれる状態は、多くの人にとってコミュニケーション不全や感情疲労に陥る要因になっているのではないでしょうか。

広告とジェンダー表現に対する関心から本書を執筆しましたが、自分自身の見方や感じ方を振り返ると、表現として惹きつけられる広告はあるものの、広告全般に対しては過剰な情報が目の前に差し出されることによる忌避感情が先に立ちます。そのためか、広告が視界に入らない状態、たとえば駅のプラットフォームで何も掲出されていない空白のビルボードを目にすると、これまでに何枚も広告を貼っては剝がされるを繰り返してきたその表面の痕跡に見入り、抽象画のようで美しいとさえ感じられたりもします（本書四七頁参照）。都市空間が常に消費の記号に埋め尽くされていて、ものを売る役割・責務を負ったイメージに囲まれて雁字搦めになっているからこそ、束の間に空白状態となった表面が、見ていて心地良く感じられるのかもしれません。「広告を剝がされたビルボードの表面が抽象画のように見える」ことは、あくまでも「偶発的な状況が私に与えた印象」ですが、過剰な量の広告を忌避する私の心理作動を要因とするこの印象は、見方を変えればある種のコミュニケーションと呼べる現象なのかもしれません。

「コミュニケーションは受け手が決める」。これは経済学者ピーター・ドラッカーが残した言葉で、人に話をするとき、何かを伝えるときには聞き手が理解しやすい言葉を使う必要性を説いたものです。会話に限らず人に何かを伝えるためには、「受け手」がどのように振る舞い、感じ、何に対して共感や違和感を抱くのかを想像し、どうしたら相手に伝わるのか、その表現方法を模索することが必要です。この本で論じた広告は、視覚コミュニケーションの中に位置づけられるものですが、スマートフォンでデジタル広告が常に視界に入るような状況下では、濁流ともいうべき情報量によって受け手を混乱や洗脳状態に陥らせ、注意力を持続させず忘却させることを繰り返します。このようなコミュニケーションが困難な状況下にあって、それでもなお他者との関係の中で意思疎通の正常化を図るためには、常に能動的に情報を発信することよりも、むしろ、「受け手」としてのあり方を示しあえる安全な環境を作ることが求められているのだと思います。

本書の執筆もまた、他者とのコミュニケーションをいかに図っていくのか、という模索の中で進められました。大学での講義やオンライン講座、トークイベント、ワークショップの企画を通して話をしたり、雑誌やウェブ媒体などでの執筆内容が本書を構成していますが、全体の骨子を構想する上で重要だったのは、受け手になってくれた受講者やワークショップの参加者、読者から感想や質問という形で得たフィードバックの数々です。対面形式であれ、オンラインであれ、ＳＮＳでの投稿であれ、私が発信してきた諸々の情報や提言を受け止めて反応を返してくれたことが本書で綴った言葉を成り立たせています。

最後になりますが、本書執筆にあたって、執筆を提案し、伴走者になってくれた編集者の山田亜紀子さんに謝辞を送ります。二〇一八年に知己を得て、フェミニズム雑誌『シモーヌ』の創刊号（二〇一九年）から記事執筆の機会を継続して得たことで、ジェンダー表現とメディアへの関心を深めて研究を続けることができました。知り合った頃に提案された最初の企画書に、「結婚情報誌が女性にかけている呪いを解く」ことが趣旨として書かれていたことを記憶しています。メディアがあらゆるジェンダーに「らしさ」、「規範」としてかけている呪いからの脱却は容易ではありませんが、本書がせめて呪縛に対する護身術のひとつを示すものとなることを願っています。

小林美香

著者……小林《こばやし》 美香《みか》

1973年生まれ。大阪大学文学部卒業、京都工芸繊維大学大学院修了（博士）国内外の各種学校／機関で写真やジェンダー表象に関するレクチャー、ワークショップ、研修講座、展覧会を企画、雑誌やウェブメディアに寄稿するなど執筆や翻訳に取り組む。2007-08年にAsian Cultural Councilの招聘、及びPatterson Fellowとしてアメリカに滞在し、国際写真センター（ICP）及びサンフランシスコ近代美術館で日本の写真を紹介する展覧会／研究活動に従事。2010年から19年まで東京国立近代美術館客員研究員を務める。東京造形大学、九州大学非常勤講師。著書に『写真を〈読む〉視点』（青弓社、2005）、共著に『〈妊婦〉アート論：孕む身体を奪取する』（青弓社、2018）がある。

Twitter（X）：@marebitoedition

カバーイラスト………Jeon Nahwan
編集………山田亜紀子（サッフォー編集室）
装幀………潟見陽（LONELINESS BOOKS）

ジェンダー目線《めせん》の広告観察《こうこくかんさつ》

2023年 9月15日　第1版第1刷発行
2023年10月31日　第1版第2刷発行

著者　小林美香
発行者　菊地泰博
発行所　株式会社現代書館
〒102-0072　東京都千代田区飯田橋3-2-5
電話 03(3221)1321　FAX03(3262)5906
振替 00120-3-83725
http://www.gendaishokan.co.jp/
組版　プロ・アート
印刷所　平河工業社（本文）
東光印刷所（カバー・表紙・帯・別丁扉）
製本所　鶴亀製本
校正協力・高梨恵一
 ISBN978-4-7684-5950-8
定価はカバーに表示してあります。
乱丁・落丁本はおとりかえいたします。